Julius Klain

Coronavirus
Mein siebtes Corona-Krise Tagebuch

Zurück in eine neue Zukunft

Bibliografische Information der Deutschen Nationalbibliothek: Die
Deutsche Nationalbibliothek verzeichnet diese Publikation in der
Deutschen Nationalbibliografie; detaillierte bibliografische Daten sind im
Internet über dnb.de abrufbar.

© 2020 Julius Klain
Coverbild: © Thaut Images - stock.adobe.com
Coverdesign und Layout: © Julius Klain
Herstellung und Verlag: BoD – Books on Demand, Norderstedt

ISBN: 978-3-7504-9606-4

Vorwort

Liebe Leserin, lieber Leser,
ich bin inzwischen mit meiner Tagebuchreihe im Mai angekommen
und es ist somit fast zwei Monate her, dass die Corona-Krise für mich
begann.
Was ist bisher geschehen? Anfang März waren es zunächst nur
eindringliche Warnungen der Politik und eine Art Einschwören der
Bevölkerung auf die sich nähernde bedrohliche Situation, doch der
sogenannte „Lockdown" oder auch „Shutdown" ließ nicht lange auf sich
warten und erfolgte am 22. März.
Seit dem gelten strenge Kontaktbeschränkungen, Reiseverbote und
Abstandregeln. Schulen, Kindertagesstätten, Geschäfte, Restaurants,
Friseursalons, Spiel- und Sportplätze und vieles mehr wurden und sind
auch Anfang Mai noch immer geschlossen. Auch Großveranstaltungen
jeglicher Art sind seither untersagt, sodass das öffentliche Leben in den
vergangenen Wochen nahezu komplett zum Stillstand gekommen ist.
Um erste vorsichtige Lockerungen zu ermöglichen gilt seit dem 27.
April eine Mund-Nasen-Schutz-Pflicht beim Einkaufen und in
öffentlichen Verkehrsmitteln
All diese Maßnahmen waren sehr ungewohnt. Sie haben jedoch aus
meiner Sicht erheblich dazu beigetragen, dass es bislang in Deutschland
deutlich weniger Corona-Fälle sowie Corona-Tote gab, als anderswo.
Doch zu welchem Preis und wie wird es zukünftig weitergehen? frage
ich mich und lade Sie hiermit herzlich ein, dies gemeinsam mit mir
herauszufinden.

Ihr

Julius Klain

Einleitung

All die im **Vorwort** genannten Veränderungen haben nicht nur Einfluss auf die gesamte Gesellschaft gehabt, sondern haben auch mich und mein Leben stark betroffen und ordentlich durcheinandergewirbelt. Ja, trotz meiner anfänglichen Angst und Verunsicherung rund um das neuartige Coronavirus habe ich den Lockdown mit der damit verbundenen plötzlichen Entschleunigung, der sehr intensiven Zeit mit der Familie sowie der unverhofft eingekehrten allgemeinen Ruhe zunächst sehr genossen.

Inzwischen belastet mich jedoch vor allem das ständige Zusammensein mit meiner Familie sehr. Jedenfalls deutlich mehr, als ich jemals gedacht hätte. So sehr, dass sich im Verlauf dieses Buches etwas Schreckliches ereignet. ...

Zur Erinnerung – Folgende weitere Fragen sind aus dem vorangegangenen Buch offengeblieben:

Haben wir das Schlimmste dieser Krise schon überstanden?

Wann können die Jungs endlich wieder in die Schule gehen?

Wie lange wird meine Tochter noch zu Hause sein, beziehungsweise, wird sie vor ihrer Einschulung im Sommer den Kindergarten überhaupt noch einmal besuchen?

Wird meine Tochter in diesem Sommer eingeschult, oder fällt das dieses Jahr wohlmöglich aus?

Wird Corona für mich und meine Familie auch weiterhin ein Gespenst in der Ferne bleiben?

Was wird aus unserem Ostseeurlaub im August?

Freitag, 01. Mai 2020 - Feiertag

Ich bin sehr froh, mich an diesem arbeitsfreien Tag nur um eine meiner ansonsten drei Aufgaben kümmern zu müssen, die Kinderbetreuung. Doch wie in der Einleitung erwähnt, ist dies inzwischen die Aufgabe, die mir am wenigsten Spaß bereitet.

Als ich um kurz nach 5 Uhr wach werde zögere ich daher nicht allzu lange damit, aufzustehen. Schließlich ist dies die einzige Chance, um noch ein wenig Zeit alleine im Wohnzimmer verbringen zu können, bevor der Rest der Familie das Haus bevölkert.

Nachdem ich es mir auf dem Sofa bequem gemacht und den Fernseher eingeschaltet habe, navigieren meine Finger das Programm zielgerichtet auf die aktuellen Corona-Schlagzeilen im ARD-Videotext.

Dort steht:

- „In Deutschland ist die Zahl der Coronainfektionen nach Angabe des Robert-Koch-Instituts binnen eines Tages um 1.478 auf 159.119 gestiegen. 173 Menschen sind innerhalb der letzten 24 Stunden verstorben."

- „Russland hat am gestrigen Donnerstag einen Anstieg der bestätigten Coronavirusfälle um 7.099 binnen 24 Stunden gemeldet. Ein neuer Rekord für einen einzelnen Tag.

- „Die brasilianische Stadt Manaus kämpft derweil mit schnell steigenden Todeszahlen. Der Hauptfriedhof der größten Stadt des Amazonas-Regenwaldes muss fünf Särge gleichzeitig in Sammelgräbern beerdigen."

Schlagzeilen, die mir noch immer einen kalten Schauer den Rücken hinunter laufen lassen, da sie mir unmissverständlich zeigen, dass Corona noch lange nicht vorbei ist. Dennoch frage ich mich, warum das Virus bei uns in Deutschland so deutlich weniger sein Unwesen treibt, als in anderen Ländern. *Ob das allein an den derzeit geltenden Regelungen liegt?*

Apropos Regelungen. *Welche Corona-Regelungen gelten eigentlich aktuell?* frage ich mich, da ich dieses Thema aus purem Zeitmangel in den letzten Tagen stark vernachlässigt jedoch mitbekommen habe, dass Bewegung in den Stillstand gekommen ist. Es ist für mich daher an der Zeit, mich auf den neuesten Stand zu bringen:

ARD-Videotext- Seite 817 5:48 Uhr:

„Nach den Spitzenberatungen von Bund und Ländern hat Bundeskanzlerin Angela Merkel weitere **Öffnungsschritte** verkündet:

- Unter Auflagen dürfen Museen, Ausstellungen, Galerien und Gedenkstätten sowie Zoos und botanische Gärten wie auch Spielplätze wieder zugänglich sein.
- Bei Gottesdiensten müssen weiter die Abstands- und Hygieneregeln eingehalten werden. Religiöse Feste wie Taufen, Beschneidungen oder Hochzeitsfeste sowie Trauergottesdienste sollen im kleinen Kreis möglich sein.

Weiter geltende **Beschränkungen**:
- In der Öffentlichkeit soll zu Personen ein Mindestabstand von 1,5 Metern aufrechterhalten blieben.
- Personen in der Öffentlichkeit sollten sich nur alleine, mit einer weiteren nicht im Haushalt lebenden Person oder im Kreis der Angehörigen des Haustandes aufhalten dürfen. Verstöße gegen die Auflagen werden weiterhin geahndet.
- Großveranstaltungen wie Fußballspiele belieben grundsätzlich weiter untersagt und zwar bis 31. August.
- Gastrobetriebe bleiben weiter geschlossen. Davon ausgenommen ist die ausgenommen ist die Lieferung und die

Abholung von Speisen für den Verzehr zu Hause. Vorschläge für Rahmenbedingungen für schrittweise Öffnungen von Gastronomie- und Tourismusangeboten soll es in der Sitzung nach dem 6. Mai geben.

- Dienstleistungsbetriebe im Bereich der Körperpflege wie Kosmetikstudios, Massagepraxen, Tattoo-Studios und ähnliche Betriebe bleiben geschlossen. Friseurbetriebe sollen unter Auflagen am 4. Mai öffnen.

- Geschäfte mit einer maximalen Größe von 800 Quadratmetern können wieder öffnen. Dabei müssen Hygienevorschriften eingehalten werden. Es gibt Beschränkungen, wie viele Kunden sich im Geschäft aufhalten dürfen.

- Ab dem 4. Mai beginnt der Unterricht für die Abschlussklassen, die Klassen, die im kommenden Schuljahr Prüfungen ablegen und die obersten Grundschulklassen. Prüfungen wie das Abitur haben bereits begonnen. Kitas bleiben zu, die Notbetreuung wird erweitert. Bis 6. Mai soll ein Konzept zur weiteren schrittweisen Öffnung von Schulen kommen.

- Der Schutz der Bewohner in Pflegeheimen bleibt erhalten. Eine „soziale Isolation" soll aber vermieden werden.

- Die Menschen in Deutschland sollen weiter auf private Reisen verzichten. Das gilt auch für Besuche von Verwandten oder touristische Tagesausflüge. Übernachtungen sind nur zu notwendigen Zwecken erlaubt. Weiter gilt die Reisewarnung des Auswärtigen Mates. Sie wurde bis Mitte Juni verlängert.

- Es gilt eine bundesweite Maskenpflicht für den öffentlichen Nahverkehr und beim Einkaufen."

Und was heißt das jetzt für uns? frage ich mich.

Dem Grunde nach (leider) keine Veränderung. Die Kinder (in Klasse 5, Klasse 3 sowie im Kindergarten) werden auch weiterhin zu Hause sein und auch unser Sommerurlaub kann demnach nicht stattfinden.
Eine enttäuschende und frustrierende Erkenntnis. ☹

6.25 Uhr: *Die Jungs sind wach.* Jedenfalls höre ich sie in der Etage über mir aus ihren Betten krabbeln. *Das war es dann mit dem Alleinsein,* denke ich mir schweren Herzens, als die beiden wenig später ins Wohnzimmer kommen, sogleich den Großteil des Sofas in Beschlag nehmen, mich regelrecht von dort verdrängen und mich zudem auffordern, ihrem Programmwusch nachzukommen. Mich nervt und stresst diese Situation. Da ich jedoch keine Lust für den ersten Zwist des Tages habe, tue ich, was sie von mir verlangen.

9.25 Uhr: Während des Frühstücks entscheiden wir, im Anschluss zu einem nahegelegenen und sehr weitläufigen Wildgehege zu fahren, um dort etwas spazieren zu gehen. Ich will einfach mal etwas anderes sehen, als nur das Haus und den Garten.

12.45 Uhr: Wir kehren von unserem kleinen Ausflug zurück. Meine Frau und ich beginnen sogleich damit, das Mittagessen vorzubereiten.
13.45 Uhr: Mittagessen.
14.15 Uhr: Pause

16.00 Uhr: *Es hat gut getan, mich hingelegt und ein wenig geschlafen zu haben,* denke ich mir. Jedenfalls fühle ich mich erholt genug, für ein wenig Gartenarbeit.

21.05 Uhr: Angesichts des nach wie vor recht entspannten Corona-Verlaufs in Deutschland lautet mein heutiges Abendgebet: „Herr, ich danke dir, dass ich in Deutschland lebe."

<u>Weitere erwähnenswerte Ereignisse des Tages (Kurzform):</u>

- Wir feiern heute den „Tag der Arbeit", an welchem sich laut Bundesagentur für Arbeit jedoch über 10 Millionen Menschen in Kurzarbeit befinden.
- Im Rahmen unsere Ausfluges tanke für lediglich 1,11 € / Liter E10.
- Einem TV-Bericht, der sich mit den Vorbereitungen der Schulen auf eine mögliche Wiederaufnahme des Schulbetriebs ab Montag beschäftigt, entnehme ich, dass es vor allem die drei folgenden Probleme sind, welche den Schulen teils große Schwierigkeiten bereiten:
  - Wie sollen die Schulen ein sehr umfangreiches Hygienekonzept umsetzen, wenn es in den teils sehr maroden Schulgebäuden nicht einmal funktionierende Sanitäreinrichtungen und auch kein warmes Fließendwasser gibt?
  - Viele Lehrer sind über 60 Jahre alt, gehören somit zur Risikogruppe und werden/dürfen daher nicht in den Klassenräumen sondern lediglich virtuell unterrichten.
  - Virtueller Unterricht scheitert jedoch oftmals daran, dass die deutschen Schulen die Digitalisierung verschlafen haben, wie eine in dem Bericht interviewte Kultusministerin selbstkritisch einräumt.

Samstag, 02. Mai 2020

Es ist bereits 7.35 Uhr als ich aufstehe und feststelle, dass die Jungs schon vor dem Fernseher hocken; dass meine Frau bereits zum Einkaufen gefahren ist; dass es draußen das dritte Mal in dieser Woche regnet und, dass es auch nicht so aussieht, als würde das Wetter kurzfristig wieder besser werden. Mist! *Was machen wir dann den ganzen Tag, wenn wir nicht rausgehen können?* frage ich mich, ohne jedoch eine konkrete Antwort darauf zu finden. Mir gruselt es daher bei dem Gedanken, den gesamten Tag, vielleicht sogar das gesamte Wochenende zu fünft im Haus verbringen zu müssen. Die derzeitige Nähe erdrückt mich auch ohne Regen schon genug.

9.35 Uhr: Meine Frau ist inzwischen vom Einkaufen heimgekehrt und der Einkauf ist auch bereits aus dem Auto geräumt. Doch nicht nur das, auch zwei Bilder habe ich schon mit meiner Tochter gemalt, als es endlich heißt: „Frühstück!".

Nach dem Frühstück sitzen meine Frau und ich noch etwas länger am Tisch und beratschlagen, wie unser Plan für den Tag aussehen könnte.

Ihre Idee: Mit den Kindern in ein großes Einkaufszentrum zu fahren, um Baumaterial und neue Schuhe für unsere Tochter zu kaufen sowie einem dort ansässigen Fachmann unser defektes Tablet zu zeigen, um zu entscheiden, wie es damit weitergehen soll.

Was bedeutet ihr Vorschlag für mich? Viele Menschen, Gedränge, Nähe, ... lauten meine ersten Gedanken, welche sofort ein Gefühl der Beklemmung, des Unbehagens und der Ablehnung in mir auslösen. Doch aus irgendeinem Grund, traue ich mich nicht, meiner Frau zu widersprechen. Stattdessen spiele ich auf Zeit, indem ich mich zunächst anziehen gehe, und die Küche alleine aufräume.

Als ich damit fertig bin, hakt meine Frau jedoch mit einem erwartungsvollen Blick nach „Was ist nun? Machen wir das, was ich gesagt habe?"

Ich muss in diesem Augenblick an Ostern denken. Daran, dass ich eine klare Meinung zu unseren Besuchen bei unseren Familien hatte, diese jedoch nicht deutlich genug geäußert und vertreten habe, wodurch ich letztlich keine andere Wahl mehr hatte, als mich damals auf den Besuchs-Unsinn einzulassen. *Das wird mir heute kein zweites Mal passieren,* denke ich mir und sage deshalb zu meiner Frau: „Wenn du eine ehrliche Antwort von mir haben möchtest, dann muss ich dir leider sagen, dass ich von deiner Idee gar nichts halte. Es ist für meinen Geschmack bereits viel zu spät und dadurch im Einkaufszentrum auch einfach schon viel zu voll. Und aus diesem Grund, will ich da heute Morgen nicht hin." sage ich und sehe ihrem Blick sofort an, dass ihr meine Antwort nicht gefällt. Daher fahre ich fort: „Lass uns das Baumaterial bitte online vorbestellen, sodass ich es am Montag nach der Arbeit nur abzuholen brauche. Auch um das Tablet werde ich mich in der kommenden Woche kümmern. Und die Sache mit den Schuhen fällt dann heute halt aus."

Schweigen.

Nach längerem inneren Kampf sagt sie dann: „Ja, wahrscheinlich hast du Recht und es ist zum Schutz der Kinder besser, wir lassen das sein."

Ich: „Es geht mir ehrlich gesagt nicht nur um die Kinder, sondern auch um mich. Ich will auch mich schützen und auch dich. Darum geht es mir."

„Und was tun wir stattdessen?" lautet ihre etwas patzig klingende Reaktion.

„Das wird sich schon ergeben." entgegne ich ihr. „So, wie bisher auch." Und als soll es wieder einmal so sein, klingelt in exakt diesem Augenblick das Telefon und ein Freund der Jungs ruft an.

Wenig später verlassen die beiden daraufhin das Haus, um mit dem Fahrrad zu ihm zu fahren und mit ihm zu spielen.

Meine Frau und meine Tochter backen derweil Cup Cakes.

Geht doch! sage ich erleichtert zu mir, da sich meine Worte bewahrheitet haben.

Da es zwischenzeitlich aufgehört hat, zu regnen, gehen wir nach der Mittagspause alle raus in den Garten wo wir Erwachsenen als auch die beiden Jungs unsere Sträucher ausschneiden, während unsere Tochter mit ihrer Cousine im nassen Sandkasten spielt.

Gegen 16.30 Uhr sitze ich kurz neben meinem älteren Sohn auf dem Sofa, als er mich fragt, ob er mal bei meinen Schwiegereltern anrufen kann, die wir jetzt seit Ostern, sprich seit drei Wochen nicht mehr gesehen haben.

„Na klar kannst du das machen." antworte ich ihm, woraufhin er sich sogleich das Telefon holt und die Nummer wählt.

„Hallo Oma …" sagt er, als die Verbindung steht „… kann ich für eine Stunde zu euch kommen?"

„Äh, ja. Müssen Mama und Papa einkaufen?" lautet ihre verwundert klingende Antwort, da sie sich nicht vorstellen kann, dass wir Eltern damit einverstanden sind. Schließlich haben wir es bisher – den Corona-Regeln entsprechend - strikt unterlassen / unterbunden, dass die Kinder zu Oma und Opa gehen und diese wohlmöglich anstecken (von Ostern mal abgesehen). Aus diesem Grund ist nicht nur meine Schwiegermutter von seinen Worten überrascht, sondern ich bin es ebenfalls. Und da sich an meiner Einstellung bis dato auch nichts geändert hat, bin ich gerade gewillt, einzuschreiten und ihn von seinem Vorhaben abzubringen, als er sagt: „Nein, Oma. Aber ich vermisse euch ganz doll und ich möchte einfach mal wieder zu euch!"

So klar und ehrlich habe ich ihn noch nie über seine Bedürfnisse reden hören, denke ich mir. Eine Erkenntnis, die mir unmissverständlich zeigt, dass er sich binnen der letzten Wochen weiterentwickelt hat und, dass es ihm in der Tat wirklich sehr sehr wichtig ist, Oma und Opa mal wieder zu besuchen. Daher ändere ich spontan meine Meinung und stimme seinem Vorhaben zu. Und obwohl ich ihm auferlege, dass er bei Oma und Opa einen Mundschutz zu tragen hat, strahlt er über das ganze Gesicht, als ich ihn wenig später mit dem Auto zu ihnen bringe.

18 Uhr: *Wie schnell doch die Zeit vergeht.* Ich fahre erneut zu meinen Schwiegereltern, um meinen Sohn dort wieder abzuholen. Und entgegen meiner Erwartung, trägt er sowohl seinen Mundschutz, als ich unverhofft durch das Fenster zu ihnen hineinschaue und es gibt es auch keine lange Diskussion, in welcher er seinen Aufenthalt noch zu verlängern versucht. Stattdessen steigt er überglücklich zu mir ins Auto und wir fahren Heim.☺

18.15 Uhr. Zurück zu Hause. Und da noch immer die Sonne scheint, schnappe ich mir den Mäher und kürze noch einen Teil unseres Rasens.

19.05 Uhr: Ein Blick auf mein Smartphone verrät mir den Eingang einer E-Mail vom Baumarkt. Meine Bestellung kann abgeholt werden, lautet ihre Botschaft. Kurzum rufe ich die Familie zusammen und wir beschließen, uns sogleich ins Auto zu setzen und die Bestellung noch heute abzuholen, bevor der Baumarkt um 20 Uhr seine Türen schließt.

19.49 Uhr: Die Ware aus dem Baumarkt befindet sich im Auto. Und da direkt nebenan eine McDonalds- Filiale ist, fahren wir noch durch den Drive In und kaufen uns jeder einen Hamburger mit Pommes, was die gesamte Stimmung im Auto deutlich anhebt. ☺

21.45 Uhr: Nach einem kurzen Aufenthalt vor dem Fernseher, schlafen die Kinder inzwischen allesamt. Auch ich bin müde und gehe ins Bett.

<u>Weitere Ereignisse des Tages (Kurzform):</u>
Keine.

Sonntag, 03. Mai 2020

Aus Mangel an Alternativen, bleibt uns auch heute keine andere Wahl, als abermals eine ausgiebige Radtour zu machen.

Ich weiß, dass klingt jetzt irgendwie negativ, obwohl es das eigentlich gar nicht ist. Aber, ein wenig mehr Abwechslung wäre schon toll. Zum Beispiel mal wieder ins Schwimmbad zu gehen. Doch zu all diesen Alternativen fehlt uns der Mut oder, sie sind Corona-bedingt noch geschlossen. ☹

Weitere Ereignisse des Tages (Kurzform):
Keine.

Montag, 04. Mai 2020

Die Geschehnisse dieses Tages sind gleichbeliebend monoton und somit ebenfalls schnell erzählt:

5.30 bis 17 Uhr: Arbeit in der Firma.

Anschließend: Abendessen, Fernsehen, die Kinder ins Bett bringen und selbst schlafen gehen.

Weitere Ereignisse des Tages (Kurzform):
- Gedanken, die ich im Laufe des Tages hatte:
  Die Mundschutzmasken sind gut für alle, die schlechte Zähne haben jedoch schlecht für Gehörlose, die darauf angewiesen sind, von den Lippen abzulesen.

Dienstag, 05. Mai 2020

Auch dieser Tag besteht für uns Eltern ebenfalls mal wieder nur aus den Aktivitäten Arbeit und Kinderbetreuung.

Letzteres übernimmt zunächst meine Frau, da ich im Zeitfenster von 7.45 Uhr bis 10.40 Uhr an zahlreichen beruflichen Telefonkonferenzen teilnehme.

Ab 10.40 Uhr ist die Kinderbetreuung dann meine Aufgabe und ich bin froh, dass die ersten Streitereien des Tages zu den Themen Fernsehprogramm, Handy zocken und Schulaufgaben bereits mit meiner Frau ausgefochten wurden und ich davon verschont geblieben bin. Dennoch wünsche ich es mir an diesem Tag sehr, einfach mal alleine zu Hause zu sein. Ohne Kinder.

12.15 Uhr: Kurz vor dem Mittagessen erhalte ich im Rahmen meiner Selbstständigkeit einen weiteren Tiefschlag in Form eines Anrufs, der mir den Appetit verdirbt. Ein Großkunde, mit dem ich in den zurückliegenden Wochen zahlreiche Vortragsveranstaltungen aus den Monaten März, April und Mai in den Juni verschoben hatte, meldet sich bei mir und storniert auch diese Aufträge schonungslos. Doch was mich an diesem Anruf eigentlich erschüttert und auf den Boden der aktuellen Tatsachen zurückholt ist die Aussage, dass sie bis auf weiteres (solange kein halbwegs gesicherter Zustand existiert) keine Veranstaltungen mit mir planen werden. *Und das kann dann wohl noch dauern!* ☹

Ich muss anschließend diesen regelrechten Schock erst einmal verdauen, wobei ich letztlich auch mir die bereits irgendwann in einem der Tagebücher angesprochene „Veränderungskurve" vor Augen führe und mit den inneren Worten *„Für irgendetwas wird sicherlich auch diese neuerliche Absage gut sein."* aus der Phase „Schock und Ablehnung" in die Phase „Akzeptanz der Veränderung" übergehe.

Gegen 16.30 Uhr ist es dann tatsächlich soweit, alle drei Kinder sind überraschenderweise außerhaus, um mit anderen Kindern zu spielen. Doch, obwohl es mich sehr erleichtert endlich mal wieder durchatmen zu können, keimt keine Freude in mir darüber auf, da ich mich permanent frage, ob es tatsächlich okay war, ihnen zu erlauben, sich zu verabreden. *Mache ich es mir selbst zu einfach?* frage ich mich dabei innerlich. Doch obwohl die Antwort meiner inneren Stimme ein klares „Ja." ist, spüre ich, dass ich schlichtweg keine Kraft mehr dafür aufbringe, an meiner ursprünglich sehr harten Linie des Kontakt- beziehungsweise Verabredungsverbotes festzuhalten. *Und da ich den Kids heute erlaubt habe, sich zu verabreden, kann und werde ich ihnen dies ab sofort nicht mehr verwehren,* lautet mein interner Beschluss.

Nach dem Abendessen um 19.15 Uhr und dem Zubettbringen der Kinder gegen 20.30 Uhr liege auch ich um kurz nach 21 Uhr im Bett. Gut, dass ich zu diesem Zeitpunkt noch nicht ahne, dass morgen etwas Schreckliches passieren wird.

Weitere Ereignisse des Tages (Kurzform):
- Im Laufe des Nachmittags trifft eine E-Mail der Schule unseres jüngeren Sohnes ein, in welcher angekündigt wird, dass er voraussichtlich ab 18. Mai jeden zweiten Tag wieder in die Schule gehen kann. *Endlich mal ein Lichtblick!* ☺

Mittwoch, 06. Mai 2020

Zunächst beginnt der Tag ganz normal. Also, Corona-normal: ich stehe um kurz nach sechs Uhr auf; gehe ins Bad; ziehe mich an; mache mich frisch und putze mir die Zähne; begebe mich ins Wohnzimmer; ziehe die Jalousien so leise hoch, wie es nur geht, um niemanden im Haus aufzuwecken; öffne die Terrassentür, um frische Luft hineinzulassen; setze mich aufs Sofa, um die Ruhe noch ein wenig zu genießen; höre wenig später, dass die Jungs die Treppe hinunterstapfen und in meiner Etage aufs Klo gehen; ich sehe, wie die Wohnzimmertür geöffnet wird und sich zwei noch ein wenig müde dreinblickende Gestalten zunächst durch die Tür schieben und dann neben mir aufs Sofa fallen; ich höre einen der beiden sagen, „Mach bitte „Das A-Team" an." und ich folge diesem Begehren; danach stehe ich vom Sofa auf und gehe in die Küche, wo ich den Geschirrspüler ausräume und mir mein Frühstück zubereite. Inzwischen ist auch meine Frau aufgestanden, die einen großen Korb mit Wäsche in den Keller trägt, die Waschmaschine damit füttert und auch deren Nachtruhe beendet. Anschließend kocht sie sich einen Kaffee und setzt sich kurz zu mir an den Küchentisch.

Kurz nach sieben Uhr: Auch unsere Tochter ist inzwischen aufgewacht und hat sich nahezu lautlos die Treppe hinunter ins Wohnzimmer geschlichen. Dennoch ist es nicht zu überhören, dass sie anwesend ist, denn kaum ist sie da, entflammt auch schon der erste Streit rund um eine der Sofadecken, die sie haben möchte, welche die Jungs eigentlich auch gar nicht brauchen und auch nicht benutzen, die sie aber dennoch urplötzlich nicht mehr entbehren können. Bloß, um ihre kleine Schwester zu ärgern. Nachdem diese Sache durch mich geklärt wurde, kehrt für wenige Augenblicke wieder Ruhe ein. Solange, bis meine Tochter zu den beiden Jungs sagt „Ich will das nicht gucken. Bitte macht etwas anderes an." Es kommt zu Streit Nummer zwei an diesem noch jungen Morgen. Zäher und länger, als der erste. Aber wie gesagt, noch verläuft alles normal. Auch, dass mein jüngerer Sohn irgendwann nachgibt und sich zum Ärger seines älteren Bruders auf die Seite seiner Schwester schlägt und nun gemeinsam mit ihr vom Ältesten einen Wechsel des Fernsehprogramms verlangt, ist ebenso normal, wie seine Reaktion, dass er irgendwann wutentbrannt die Schalter auf den Tisch knallt, zu mir in die Küche kommt, sich lautstark über seine beiden jüngeren Geschwister beschwert und zugleich bei mir einfordert an der Spielekonsole daddeln zu dürfen und ich ihm dies entgegen meiner inneren Überzeugung erlaube, da ich auch heute keine andere Option sehe, um eine weitere Eskalation zu vermeiden.

In den folgenden zwanzig Minuten herrscht wieder Stille. Das letzte Mal für diesen Vormittag, wie sich noch schmerzlich herausstellen wird.

7.45 Uhr: Meine Frau bricht zur Arbeit auf, sodass ich fortan auch diesen Mittwochvormittag mit den Kindern allein zu Hause bin.

8.03 Uhr: Ich bitte die Kinder das erste Mal darum, den Fernseher sowie die Spielekonsole auszumachen, sich anzuziehen und sich die Zähne zu putzen. Wie gewohnt: keine Reaktion.

8.07 Uhr: Versuch Nummer zwei. Aus meiner Bitte ist eine klare, lautstarke Aufforderung geworden. Die Reaktion der Kinder hat sich indes nicht verändert.

8.11 Uhr: Ich ärgere mich inzwischen darüber, dass meinen Worten bislang nicht Folge geleistet wurde und versuche es ein drittes Mal. Nun brülle ich und drohe mit weiteren Konsequenzen, wenn nicht sofort auf mich gehört wird. Die beiden jüngeren machen daraufhin den Fernseher aus, quälen sich vom Sofa hoch und tun das, was ich von ihnen verlangt habe. Aus dem Keller, wo mein älterer Sohn vor der Spielekonsole hängt, höre ich jedoch nach wie vor die Musik des Spiels, das er gerade spielt.

Ich schleiche mich daraufhin die Treppe zu ihm hinunter und bin gewillt nachgiebig mit ihm umzugehen, sofern er ebenfalls dabei sein sollte, die Zelte im Keller abzubrechen und das zu tun, was ich von ihm verlange. Doch auch nach etlichen Augenblicken, die ich schweigend vor der halbgeschlossenen Tür zum „Daddelzimmer" ausgeharrt habe ist mir klar, dass er noch voll und ganz in seinem Spiel festhängt und absolut keine Anstalten macht, auf mich zu hören. Folglich öffne ich den Sicherungskasten unseres Hauses zu meiner Rechten und unterbreche kurzer Hand den Stromfluss in seinem Zimmer, was dort zunächst Schweigen und Verwunderung, kurz darauf jedoch ein heftiges Fluchen auslöst. Mir ist dies jedoch egal. Zumindest rede ich mir in diesem Moment ein, dass es mir egal ist. Stattdessen wiederhole ich ihm gegenüber ein Viertes Mal meinen Auftrag: „Bitte geh dich jetzt anziehen und putz dir deine Zähne."

Motzend steht er vom „Daddelsofa" auf und geht an mir vorbei, ohne mich auch nur eines Blickes zu würdigen.

Ich folge ihm, damit er sich nicht sogleich im Erdgeschoss wieder aufs Sofa fallen lässt, sondern sich eine weitere Etage nach oben begibt, wo seine Anziehsachen in seinem Zimmer im Schrank liegen und wo sich auch das Bad mit seiner Zahnbürste befindet.

8.25 Uhr: Alle Kinder haben sich zu meiner Zufriedenheit inzwischen angezogen und sich auch die Zähne geputzt. Und da ich auf meine Frage „Hat jemand von euch Hunger und möchte etwas essen?" keine Antwort erhalte, fahre ich mit unserem Corona-Alltag-Tagesprogramm fort, indem ich meine Tochter darum bitte, sich möglichst leise und alleine in ihrem Zimmer zu beschäftigen, währenddessen ich mich mit den Jungs an ihre Schulaufgaben setze. So lautet jedenfalls mein Plan, welcher auch von den beiden jüngeren nahezu ohne Gegenwehr in die Tat umgesetzt wird. Mein älterer Sohn hingegen, scheint von diesem Plan gar nichts zu halten, was ich seinen Worten „Ich habe kein Bock auf diese Scheiße!" entnehme.

Ohne näher auf das von ihm Gesagte einzugehen, atme ich zunächst einmal tief durch und schaue mir anschließend seinen Hausaufgabenplan für diese Woche an, der mir verrät, dass noch weit über die Hälfte der Aufgaben unerledigt sind. Händeringend suche ich nach einer Lösung in mir, die ihn zumindest dazu bewegt, anzufangen. Und da ihm Mathe, wie schon mal erwähnt, deutlich leichter fällt, als Deutsch, schlage ich ihm hoffnungsvoll vor, mit ein paar (auch für ihn) einfachen Rechenaufgaben zu beginnen.

Seine Antwort „Papa, lass mich mit der Scheiße in Ruhe!" überrascht mich dann doch. Sowohl in ihrer Lautstärke, in ihrem despektierlichen Tonfall, als auch mit ihrer inhaltlichen Botschaft. Und alles drei gefällt mir nicht und erzürnt mich. Dennoch versuche ich ruhig zu bleiben und erkläre ihm wie schon so oft, dass wir einen Wochentag haben, an dem er ohne Corona in der Schule sitzen würde und dass wir das, was ansonsten dort stattfinden würde, nun hier zu Hause erledigen müssen.

„Bitte lass uns daher jetzt damit anfangen, desto eher bist du fertig und desto eher kannst du wieder das machen, was dir mehr Spaß macht." sage ich abschließend in ruhigem Ton zu ihm, was dazu führt, dass er sich von seinem Bett erhebt und sich an dem Schreibtisch setzt. Das, was er dort macht, treibt meinen Puls jedoch ein weiteres Mal an diesem Morgen in die Höhe: er nimmt seinen Mathearbeitsblatt und zerreißt es in viele Einzelteile.

„Hey, was soll das, verdammt?" fauch ich ihn an.

„Alter, du sollst deine Fresse halten und mich mit dem Scheiß zufriedenlassen, habe ich gesagt! schreit er zurück.

Worte, die ich in diesem Ausmaß (leider) nicht zum ersten Mal von ihm höre, die jedoch heute nicht wie gewohnt an mir abprallen, sondern die mich in diesem Augenblick derart aus der Fassung bringen und so wütend machen, dass ich ihm im Affekt eine recht heftige Ohrfeige gebe. Die zweite binnen seiner nunmehr zwölf Lebensjahre und auch heute habe ich unmittelbar danach ein richtig schlechtes Gewissen, welches sich jedoch erstmals auch mit einer gewissen Genugtuung und Erleichterung mischt, es ihm mal gezeigt zu haben, wer hier von uns beiden die Oberhand hat. Und eben diese Gefühlsmischung verwirrt mich und zeigt mir unmissverständlich, dass die Corona-Situation bisher stärkere seelische Spuren in mir hinterlassen hat, als ich bisher dachte. Jedenfalls war ich bis zu dem soeben erlebten Moment noch der festen Überzeugung, dass die Corona-bedingte häusliche Gewalt kein Nährboden in unserem Haus hat. Doch da habe ich mich geirrt. Und diese Erkenntnis schmerzt mir innerlich genauso, wie meinem Sohn die rot leuchtende Wange. Doch wer jetzt neben mir glaubt, dass er kleinlauter wird und dass der traurige Höhepunkt des Tages bereits hinter uns liegt, hat genauso falsch gedacht, wie ich.

„Verpiss` dich doch einfach, du Arschloch!" brüllt mir mein Sohn zwar mit Tränen in den Augen entgegen, als ich mich bei ihm entschuldigen möchte, doch seinen Tränen berühren mich in diesem Augenblick leider nicht so stark, wie seine Worte, die meine Wut abermals entfachen und mich ihn packen und in hohem Bogen auf sein Bett werfen lassen. Dort halte ich seine beiden Arme an den Handgelenken fest, lege ich mich halb auf ihn und gröle ihm ins Gesicht „Hör auf, so mit mir zu reden! Hast du mich verstanden? Hör damit auf!"

Doch anstatt sich irgendwie bei mir zu entschuldigen oder mir irgendwie zu signalisieren, dass er verstanden hat, dass es mir ernst ist, lacht er mich hämisch aus. Und dieses Lachen durchdringt mich abermals und sticht mir ins Herz. Und obwohl mir in diesem Augenblick die Worte *„Wer die Hände zum Gebet faltet, kann niemandem wehtun"* durch den Kopf schießen, fördert dieses Lachen erneut meine Wut derart zu tage, dass ich meinem Sohn die Hose hinunterziehe und ihm erstmals zwei Mal auf seinen nackten Hintern schlage, bevor ich ihn loslasse und von meiner eigenen Handlung geschockt aus seinem Zimmer laufe.

Was habe ich getan? frage ich mich etwas später, als ich innerlich leer und mit zittrigen Händen auf dem Sofa sitze.

Im Haus ist es derweil mucksmäuschenstill. So still, wie seit Wochen seit nicht mehr. Und diese Stille nagt zusätzlich an mir, denn auch sie suggeriert mir, dass ich soeben eine Grenze überschritten habe.

Wer die Hände zum Gebet faltet, kann niemandem wehtun, geht mir erneut durch den Kopf und mir kullern ein paar Tränen die Wangen hinunter. *Wie konnte ich nur? ...*

Nach weiteren endlosen Minuten nehme ich all meinen verbliebenen Mut zusammen und mache mich auf den Weg zu meinem Sohn, um nachzuschauen, wie es ihm geht.

Als ich sein Zimmer betrete, bricht es mir das Herz, dass er zusammenzuckt als er mich sieht und dass ich an seinem Blick erkenne, dass er Angst vor mir hat.

„Es tut mir leid." sage ich zu ihm und verlasse sein Zimmer.

Alles, was sich an diesem Tag noch ereignet, erlebe ich gefühlt nur aus der Ferne: dass meine Frau am Mittag von der Arbeit heimkehrt, dass ich ihr sogleich von meinem Wutausbruch berichte, dass ich kurzdarauf selbst zur Arbeit fahre und bis 18 Uhr auch dort verweile, dass wir alle gemeinsam Abendbrot essen, ... Wie gesagt, alles.

20 Uhr: Innerlich nach wie vor komplett leer falle ich ins Bett.

Weitere Ereignisse des Tages (Kurzform):

Donnerstag, 07. Mai 2020

Schon beim Wachwerden und beim sich anschließendem Anziehen im Bad spüre ich, dass mein schlechtes Gewissen wegen meines gestrigen Wutausbruchs noch immer nicht verflogen ist. Im Gegenteil, meine Gewissensbisse sind über Nacht noch stärker geworden und zu allem Übel hat sich noch ein weiteres Gefühl dazu gesellt: Angst. Angst, dass ich auch heute Morgen, während meiner alleinigen Zeit mit den Kindern, abermals meine Beherrschung verlieren könnte. *Bitte Gott, sorge dafür, dass ich mich heute im Zaum halten kann. Bitte!* flehe ich innerlich vor dem Spiegel, während ich mir meine Zähne putze.

Und tatsächlich kommt es um kurz nach 8 Uhr (nach der ersten Fernsehphase und nach dem Frühstück) zu einer annähernd identischen Situation, wie gestern, indem auch heute ein heftiger Disput zwischen meinem älteren Sohn und mir rund um das Thema Schulaufgaben entflammt. Im Gegensatz zu ihm, habe ich jedoch aus dem gestrigen Szenario gelernt und gebe dieses Mal rechtzeitig nach, oder sollte ich lieber sagen, auf? *Hhm. ...* Ich glaube, dass Wort „aufgeben" passt deutlich besser zu der Tatsache, dass ich kurz vor einer erneuten Eskalation zu meinem Sohn sage: „Weißt du was, es ist dein Problem, wenn du deine Schulaufgaben nicht machst. Du bekommst in der Schule den Ärger und nicht ich. Und deshalb ist es mir ab sofort auch egal, was du für die Schule tust und was nicht. Ich bin jedenfalls ab sofort raus aus dieser Sache." Anschließend stehe ich postwendend auf und verlasse sein Zimmer. Der irritierte Blick meines Sohnes ist mir in diesem Augenblick vollkommen egal. Zumindest solange, bis ich mich wieder ein wenig beruhigt habe.

Hast du das gerade ernst gemeint, was du zu ihm gesagt hast? fragt mich mein Gewissen wenig später, als ich in der Küche stehe und das Mittagessen vorbereite.

Todernst, lautet meine Antwort, die sofort jeden in mir aufkeimenden Zweifel erstickt und mir unmissverständlich zeigt, dass ich vom heutigen Tag an auch meine bis dato gezeigte Konsequenz und Unnachgiebigkeit bezüglich der Schulaufgaben über Bord geworfen und stattdessen einer gewissen Gleichgültigkeit das Feld überlassen habe, um mich und meinen Sohn vor Schlimmerem zu schützen.

Um kurz nach 12 Uhr fahre ich dann total erleichtert zu Arbeit. Erleichtert, weil ich schlichtweg froh bin, dass ich meine Wut und meinen Verdruss unter Kontrolle hatte und erleichtert, weil ich weiß, dass mir die Abwechslung auf der Arbeit guttun wird.

- Zeitsprung -

19.30 Uhr: Um meiner Familie nach dem anstrengenden Arbeitstag zu Hause noch ein wenig aus dem Weg zu gehen, schaue ich mir in meinem Büro im Internet einen Auszug der gestrigen Rede der Kanzlerin nach einer weiteren Konferenz mit den Ministerpräsidentinnen / Ministerpräsidenten der Länder an.

Zitate von Frau Merkel:

„... Und deshalb *(Anmerkung von mir: angesichts der nach wie vor vergleichsweise geringen Fallzahlen)* stehen wir jetzt an einem Punkt, an dem wir sagen können, dass wir das Ziel, die Verbreitung des Virus zu verlangsamen, erreicht haben und unser Gesundheitssystem vor Überforderung schützen konnten. ...“

„... Wir haben heute sehr lange noch einmal darüber diskutiert, was sind die Dinge, die weiterhin geltend bleiben. Und hier ist ganz klar, darüber mussten man nicht lange diskutieren, dass das der Mindestabstand von 1,5 Metern ist und dass das der Mund-Nasenschutz ist im öffentlichen Raum, vor allen Dingen im öffentlichen Personennahverkehr und in den Geschäften. ...“

„…Und wir haben darüber gesprochen, dass die Kontaktbeschränkung natürlich auch ein wesentliches Element ist und haben deshalb verabredet, dass grundsätzlich bis zum 5 Juni solche Kontaktbeschränkungen weiter gelten. Angesichts der niedrigeren Infektionszahlen soll der Aufenthalt im öffentlichen Raum jetzt nicht nur alleine mit den Angehörigen des eigenen Hausstands oder einer weiteren Person möglich sein, sondern … auch mit den Personen eines weiteren Hausstandes … .“

„Wenn wir regional Unterschiede *(Anmerkung von mir: Unterschiede des Infektionsgeschehens)* haben und die haben wir, und wenn wir niedrigere Infektionszahlen haben, dann müssen wir auch einen Notfallmechanismus haben, indem wir sagen: Wenn regional Infektionsherde wieder auftreten, dann muss man dort auch besondere Maßnahmen wiedereinsetzen können. …Wir haben das jetzt … verschärft, spezifiziert gefasst und gesagt, dass die Länder sicherstellen werden, dass Landkreise oder kreisfreie Städte, bei denen kumulativ mehr als 50 Neuinfektionen pro 100.000 Einwohner in den letzten sieben Tagen aufgetreten sind, ein konsequentes Beschränkungskonzept entwickeln werden … . Wenn das ein lokales und klar eingrenzbares Infektionsgeschehen ist, zum Beispiel bei einer Einrichtung – in einem Krankenhaus oder einem Pflegeheim - dann kann dieses Beschränkungskonzept nur diese Einrichtung umfassen. Wenn es aber ein verteiltes, regionales Ausbruchgeschehen ist, bei dem die Infektionsketten unklar sind, dann müssen allgemeine Beschränkungen regional wieder konsequent eingeführt werden und zwar solange, bis wieder sieben aufeinander folgende Tage der Wert unter diese 50 akuten Fälle pro 100.000 Einwohner sinkt. Ich will darauf hinweisen, dass wir zurzeit nur einen einzigen Landkreis in Deutschland haben, in dem das Infektionsgeschehen größer als 50 akute Fälle pro 100.000 Einwohner umfasst.“ *(Anmerkung von mir: Und dieser eine Landkreis ist*

Greiz in Thüringen, wo Berichten zu folge großflächig, vor allem in
Seniorenheimen, getestet wurde.)

Eine weitere wesentliche Botschaft für mich von gestern ist die, dass
ab sofort die Verantwortung für das Krisenmanagement vom Bund auf
die Länder übergeht.

20 Uhr: Ich schaue die ARD-Nachrichten. Die wesentlichen
Informationen für mich lauten:

- Zitat der Nachrichtensprecherin: „Nach der gestrigen
  Konferenz mit Kanzlerin Merkel werden immer neue
  Lockerungen der Corona-Beschränkungen bekannt gegeben.
  Jedes Bundesland hat dabei sein eigenes Tempo. In
  Mecklenburg-Vorpommern etwa dürfen Gaststätten von
  Samstag an unter strengen Auflagen öffnen. Schleswig-
  Holstein hebt das Einreiseverbot für Touristen zum 18. Mai
  auf. *(Anmerkung von mir: Eine wichtige Lockerung für unsren*
  geplanten Urlaub in den Sommerferien.) In Bayern können
  Hotels ab 30. Mai den Betrieb wiederaufnehmen." ...
  „Jedes Bundesland setzt die Corona-Lockerungen anders um.
  Einen Überblick über die geplanten Maßnahmen und
  Zeitpunkte finden Sie auf tagesschau.de ..." Meine Gedanken
  dazu: *Das werde ich mir ansehen müssen. Aber nicht mehr*
  heute.
- In Deutschland wurden bis dato 166.091 Menschen von
  Corona infiziert und 7.199 von dem Virus getötet.
- Die Fußball-Bundesliga (erste und zweite Liga) wird am 16.
  Mai fortgesetzt. Allerdings ohne Publikum.

Im sich an die Nachrichten seit vielen Wochen anschließendem
„ARD-Extra" zum Thema Corona wird heute über neue medizinische

Erkenntnisse berichtet. Demnach sind Lungenembolien und Thrombosen mit Abstand die beiden häufigsten von Corona ausgelösten Todesursachen.

Nicht gut, denke ich mir, da ich durch einen genetischen Defekt sehr dickes Blut habe und damit bevorzugt zu Thrombosen neige. *Gehöre ich somit zur Risikogruppe?*

21 Uhr: Ich falle hundemüde ins Bett. Schlafe jedoch nicht ein, ohne mich zuvor mit einem Gebet zu bedanken: „Vater unser im Himmel, geheiligt werde … . Danke Herr, dass du auch heute mir bei mir warst, mich vor Unheil als auch vor einem weiteren Wutausbruch bewahrt hast und eine Lösung bezüglich der Schulaufgaben hast finden lassen. Danke auch, dass ich heute genügend zu essen und zu trinken sowie genügend frische Luft zum Atmen hatte. Und bitte Herr, pass` auch morgen auf mich auf, damit mir auch morgen nichts Schlimmes passiert. Amen."

<u>Weitere Ereignisse des Tages (Kurzform):</u>
- Keine.

Freitag, 08. Mai 2020

An diesem Tag zieht es mich besonders früh aus dem Haus. Vielleicht, weil ich den Kindern, insbesondere meinem älteren Sohn, (noch immer) aus dem Weg gehen möchte. Vielleicht, weil ich froh bin, auch meine Frau und unser Haus für ein paar Stunden nicht zu sehen. Vielleicht, weil wir heute Nachmittag noch einen Termin haben und ich deshalb früh anfangen muss, um früh Feierabend machen zu können. Vielleicht aber auch, weil ich mich schlichtweg darauf freue, arbeiten zu können, oder sollte ich diesen Zeiten lieber sagen, arbeiten zu dürfen? Ich weiß es nicht. Jedenfalls schaue ich bereits um 4.38 Uhr auf den Wecker und kann nicht anders, als aufzustehen, mich ein wenig frisch zu machen und mich anzuziehen, eine Kleinigkeit zu frühstücken und mich dann auf den Weg zur Bushaltestelle zu begeben, um den ersten Bus des Tages in die Stadt zu nehmen.

Um ziemlich genau 6 Uhr halte ich meine Zeiterfassungskarte vor das elektronische Zeiterfassungsgerät, welche mein „Kommen" mit einem nicht zu überhörenden Piepen quittiert. Nach dem ertönen dieses Geräusches entspanne ich mich innerlich erst einmal, um mich dann wieder der bevorstehenden Insolvenz von Firma F* zu widmen.

14.30 Uhr: Ich beende meinen heutigen Arbeitstag, gehe zum Bus und kaufe im Vorrübergehen bei einem Bäcker noch schnell 24 Quarkbällchen, welche ich mit zu dem bevorstehenden Familien-Fotoshooting nehmen möchte, dass für heute Nachmittag mit der gesamten Familie meiner Frau bevorsteht. Dazu gehören meine Schwiegereltern, meine Schwägerin, deren Mann und ihre zwei Kinder sowie die Großmutter meiner Frau.

Freue ich mich darauf? Nein, das tue ich nicht, da auch diese Aktion für mich mal wieder mit viel zu viel Nähe verbunden ist. Doch mir ist auch klar, dass ich nicht umhinkommen werde, daran teilzunehmen, ohne den Frieden mit meiner Frau ernsthaft zu gefährden, da ihr sehr an diesem Shooting und den daraus resultierenden Bildern gelegen ist. Also, Augen zu und durch.

Um kurz vor 18 Uhr ist es vollbracht, die Bilder sind im Kasten und ich wundere mich über mich selbst, dass mir die Nähe an diesem Nachmittag doch deutlich weniger ausmacht hat, als ich zunächst gedacht hatte. Im Gegenteil, ich bin rückblickend sehr froh alle mal wiedergesehen zu haben und mich mit ihnen unterhalten haben zu können. Aus diesem Grund habe ich auch nichts dagegen einzuwenden, dass wir nach dem Shooting noch mit zu meinen Schwiegereltern fahren, um dort zu grillen.

Um 21.17 Uhr liege ich dann im Bett und schaue das letzte Mal für diesen Tag auf die Uhr.

Weitere Ereignisse des Tages (Kurzform):
- Ich habe im Verlauf des Tages versucht, für Ende Oktober ein Hotelzimmer in Hannover zu buchen. Das günstigste verfügbare Einzelzimmer sollte jedoch 190,- € und das nächst günstigste 270,-€ je Nacht kosten, was für mich ein klares Indiz dafür ist, dass zu dieser Zeit in Hannover eine Großveranstaltung stattfinden wird. Dank Corona, habe ich jedoch die Hoffnung, dass diese Großveranstaltung, wahrscheinlich eine Messe, nicht stattfinden wird und dass sich dadurch die unverschämt hohen Hotelpreise wieder normalisieren werden. Heute habe ich jedenfalls kein Zimmer gebucht und ich bin gespannt, ob Corona meine diesbezüglichen Erwartungen erfüllen wird.

Samstag, 09. Mai 2020

Obwohl Wochenende ist, stehe ich um 6.20 Uhr auf, um die kühle Morgenluft zu nutzen damit ich während meines heutigen Gartenprojekts, einem Holzsteg von der Terrasse zu unserem kleinen Gartenteich zu bauen, nicht allzu sehr ins Schwitzen komme, zumal auch für heute (wie an den vergangenen Tagen auch) Sonnenschein satt und Temperaturen von um die 25 Grad angekündigt sind.

Um kurz vor sieben Uhr bin ich daher bereits angezogen und habe zwischenzeitlich auch das anfänglich benötige Baumaterial sowie die Werkzeuge und Arbeitsgeräte dorthin gebracht, wo ich diese benötige. Dann lege ich los und gerate in eine derartige Arbeitswut, dass ich diese lediglich kurz für das Frühstück sowie für das Mittagessen und einer sich anschließenden kurzen Mittagspause unterbreche, bevor ich um kurz nach 16 Uhr endgültig Feierabend mache und mich aufs Sofa lege, um mich auszuruhen.

16.30 Uhr: Mein Bedürfnis nach einer Pause ist dem Drang gewichen, mich an den Schreibtisch zu setzen und nach über einer Woche mal wieder an einem der Tagebücher zu schreiben. *Endlich!* lautet der Kommentar einer inneren Stimme dazu.

17.11 Uhr: Die beiden Jungs stehen neben mir und bitten mich darum, mit ihnen noch ein wenig American Football zu spielen, also ein paar Pässe mit dem eierförmigen Ball zu werfen. Und obwohl ich eigentlich körperlich geschafft bin, komme ich ihrem Wunsch nach, um vor allem das noch immer angespannte Verhältnis zu meinem älteren Sohn, wieder etwas zu Normalisieren.

Mit Erfolg, wie ich anschließend erleichtert feststelle.

<u>Weitere Ereignisse des Tages (Kurzform):</u>

- Zum ersten Mal seit nun mehr gut zwei Monaten stand heute mal wieder ein Termin rund um die Kinder auf unserer Agenda, indem meine Frau mit meiner Tochter für eine Dreiviertelstunde zum Reitunterricht gefahren ist, der ab heute offenbar wieder stattfinden darf.
- Am frühen Abend schaue ich auf mein Handy und sehe, dass mein Co-Trainer unserer Jugendfußballmannschaft mich versucht hat zu erreichen und mir folgende Botschaft auf der Mailbox hinterlassen hat: „Hallo Julius, ich weiß nicht, ob du es schon gehört oder gelesen hast, aber wir können wieder trainieren. Melde dich doch mal, damit wir alles Weitere abstimmen können." *Ach nein,* lautet mein erster Gedanke zu dieser Nachricht, da ich schlichtweg noch keine Lust habe, mich wieder mit diesem Thema beschäftigen zu müssen, sondern stattdessen gerne noch etwas länger diese Aufgabe von mir ferngehalten hätte. Folglich rufe ich auch nicht gleich zurück.

Sonntag, 10. Mai 2020 - Muttertag

Auch heute stehe ich recht früh auf. Dieses Mal jedoch nicht, um mich sogleich an den Schreibtisch zusetzen und zu schreiben, sondern um für meine Frau anlässlich des heutigen Muttertags ein feudales Frühstück zuzubereiten und den Tisch einzudecken und mit frischen Blumen zu dekorieren. Auch die Kinder tragen ihren Teil dazu bei, indem sie für „Mama" gemalte Bilder an ihren Platz legen und mich beim Saftpressen unterstützen.

Nach dem Frühstück räume ich die Küche auf und kümmere mich zunächst auch um den Abwasch, bevor ich mich daranmache, im Haus aufzuräumen und wieder für ein wenig Ordnung zu sorgen. Dabei gehen mir die beiden folgenden Gedanken durch den Kopf:

Das Tablet ist nun seit gut einer Woche defekt. So langsam gewöhne mich an das Leben ohne dieses Ding und eigentlich brauche ich es gar nicht.

Mein jüngerer Sohn hatte die vergangenen sechs Tage ein Handyverbot durch meine Frau bekommen. Kein Handy = kein Streit darum. Sehr angenehm!

Kurz vor dem Mittagessen setze ich mich aufs Sofa und stolpere im Fernsehprogramm über die Sendung „Presseclub" der ARD, wo der Satz fällt: „Durch die ganzen Lockerungen binnen der letzten Tage steigt doch keiner mehr durch."

Stimmt! lautet mein umgehender gedanklicher Kommentar dazu. Auch ich habe innerhalb der letzten paar Tage komplett den Überblick verloren, da sich die Ereignisse nach der Lethargie der letzten Monate plötzlich überschlagen haben und ich frage mich: *Warum muss jetzt alles wieder sofort gelockert und möglich gemacht werden, anstatt schrittweise und behutsam in eine neue Zukunft zurückzukehren? Ich habe für den derzeitigen regelrechten Lockerungswahn jedenfalls kein Verständnis.*

Nach dem Mittagessen, es gab frischen Spargel mit Schnitzel und Kartoffeln (*lecker!*), lege ich mich für eine kurze Mittagspause ins Bett und schlafe auch tatsächlich ein.

Anschließend besuchen wir kurz meine Eltern, genauer gesagt vorrangig meine Mutter, um auch ihr einen schönen Muttertag zu wünschen und ein kleines Geschenk von mir sowie selbstgemalte Bilder der Kinder zu überreichen. Selbstverständlich tragen wir dabei alle einen Mundschutz.

Von meinen Eltern aus geht es dann gleich weiter zu meinen Schwiegereltern, um auch dort allen weiblichen Anwesenden unter Einhaltung der Abstandsregelungen (ohne Umarmungen oder Ähnlichem☹) einen schönen Muttertag zu wünschen. Im Anschluss daran gehen meine Frau ich eine Runde spazieren, während die Kinder draußen mit ihrer Cousine und ihrem Cousin spielen.

Unterwegs reden wir über unseren Urlaub und kommen schlussendlich zu der Frage, ob es angesichts der anhaltenden Corona-Lage nicht sinnvoller ist, den Urlaub abzusagen und stattdessen von dem Geld eine Anhängerkupplung für unser Auto zukaufen, um einen Fahrradgepäckträger nutzen zu können und dadurch unseren lokalen Radtourradius zu vergrößern. Eine Entscheidung treffen wir jedoch noch nicht. Und, wir reden über das offensichtlich wieder mögliche Fußballtraining für die Kids. Meine Meinung dazu lautet: Ich verstehe es nicht, warum das Spaßprogramm (Fußball, etc.) wieder vor dem Pflichtprogramm (Schule und Kindergarten) startet. Ich lehne diese Reihenfolge derzeit jedenfalls kategorisch ab und werde es deshalb in dieser Sache sehr ruhig angehen lassen. Zudem geht mir auch diese Lockerung derzeit viel zu schnell und sie überfordert mich auch inhaltlich, da ich es für unmöglich halte, mit 13 elf- und zwölfjährigen

Kindern nur auf Abstand trainieren zu dürfen. Das Fußballspielen im eigentlichen Sinn, also gegeneinander auf zwei Tore zu spielen, ist nämlich noch verboten. Soviel habe ich inzwischen herausgefunden.

Dennoch stresst es mich, die Nachrichten der anderen Eltern in der WhatsApp-Fußball-Gruppe zu lesen, die sich allesamt die Hände reiben und Hufe scharrend darauf warten, dass jemand anderes mal wieder ihre Kinder bespaßt. Wer? Ich. ... *Nein, danke*!

<u>Weitere Ereignisse des Tages (Kurzform):</u>
Keine.

Montag, 11. Mai 2020

Mein Wecker klingelt um 5.45 Uhr. Als ich gut eine Dreiviertelstunde später das Haus verlasse, schlendere ich mit gemischten Gefühlen zur Bushaltestelle, weil ich nun schon seit über einer Woche nicht mehr mit dem Bus gefahren bin und daher keine Ahnung habe, wie sich die Bussituation durch den teilweisen Schulbeginn am vergangenen Montag verändert hat. Auf viele andere Menschen und Nähe habe ich jedenfalls nach wie vor absolut keinen Bock. Ich bin daher entsprechend erleichtert, als ich schon beim Eintreffen des Busses feststelle, dass noch alles beim Alten ist. Sprich, dass sowohl der vordere Eingang beim Busfahrer gesperrt ist, sodass ich nach wie vor keine Fahrkarte kaufen kann/muss und, dass noch immer so gut wie niemand mit dem Bus fährt und es daher absolut kein Problem ist, das Abstandsgebot einzuhalten.

Eines der ersten Dinge, die ich an diesem Morgen auf der Arbeit mache, ist im Internet nach den aktuell für Hessen geltenden Corona-Regeln zu googlen, um nach dem ganzen Lockerungswirrwarr der letzten paar Tage wieder etwas mehr Durchblick zubekommen, was derweil erlaubt ist und was nicht. Hier ist das Ergebnis:

Restaurants und Hotels
Restaurants dürfen ab dem 15. Mai wieder öffnen - auch ihre Innenräume. Das gilt auch für Cafés, Biergärten, Casinos, Wettbüros und Spielhallen. Die einzelnen Lokale müssen jedoch gewährleisten, dass die Hygiene- und Abstandsregeln eingehalten werden können. Generell gilt: Pro fünf Quadratmeter darf nur ein Gast bewirtet werden - außer es handelt sich um Familien, Haushaltsmitglieder oder Mitglieder zweier Hausstände. Maskenpflicht gilt in der Gastronomie nicht, Service- und Küchenpersonal müssen allerdings Masken tragen.

Hotelzimmer, Campingplätze, Ferienwohnung, Pensionen und Privatzimmer dürfen ebenfalls ab dem 15. Mai wieder für touristische Zwecke vermietet werden. Tanzlokale, Clubs und Diskotheken müssen weiter geschlossen bleiben.

Sport und Freizeit

Sport wird ab Samstag (9.Mai) wieder möglich sein – im Freien und in Turnhallen. Das gilt für alle Sportarten, sofern sie mit Mindestabstand und kontaktfrei stattfinden. Somit kann auch der Trainingsbetrieb in den Vereinen ab Samstag wieder aufgenommen werden. Duschen und Waschräume dürfen nicht genutzt werden.

Fitnessstudios haben die Erlaubnis, ab dem 15. Mai wieder zu öffnen, ebenso Freizeitparks. Auch Indoor-Spielplätze, Kegel- und Bowlingbahnen sowie Squash-Hallen dürfen dann wieder genutzt werden. Schwimmbäder und Saunen bleiben dagegen vorerst geschlossen.

Kontaktbeschränkungen

Die Kontaktbeschränkungen im öffentlichen Raum wurden mit der neuen Verordnung ebenfalls bis zum 5. Juni verlängert, aber gleichzeitig deutlich gelockert. Ab dem 9. Mai dürfen sich wieder Angehörige von zwei Haushalten treffen – also etwa zwei Familien, zwei Paare oder die Mitglieder aus zwei Wohngemeinschaften.

Geschäfte

Ab dem 9. Mai dürfen alle Geschäfte wieder öffnen, unabhängig von ihrer Größe. Die bisherige Beschränkung auf maximal 800 Quadratmeter ist dann aufgehoben. Allerdings gilt: Pro 20 Quadratmeter Verkaufsfläche darf sich nur ein Kunde im Geschäft befinden. Bei einem Geschäft mit 400 Quadratmetern wären das maximal 20 Kunden.

Großveranstaltungen

Die Landesregierung hat definiert, dass generell Veranstaltungen mit mehr als 100 Teilnehmern als Großveranstaltung gelten und damit verboten sind. Allerdings hat das Land auch eine Hintertür eingebaut: "Wenn im Einzelnen sichergestellt werden kann, dass Hygiene- und Abstandsregeln eingehalten werden können, kann auch davon abgewichen werden", sagte Wirtschaftsminister Tarek Al-Wazir (Grüne). Veranstaltungen bis 100 Personen sind erlaubt und nicht genehmigungspflichtig, aber auch hier müssen Hygiene- und Abstandgebote eingehalten werden.

Theater und Kinos

Kultureinrichtungen, wie Theater, Opern- und Konzerthäuser und Kinos, dürfen ab dem 9. Mai wieder Besucher einlassen. Ausgenommen sind Konzerte und Veranstaltungen, bei denen die erforderlichen Abstandsregeln nicht eingehalten werden können. In Einrichtungen, wo Besucher umherlaufen und stehenbleiben, gilt: Pro Besucher müssen 10 Quadratmeter Fläche zur Verfügung stehen. Dort wo Besucher sitzen, müssen 5 Quadratmeter Fläche pro Person zur Verfügung stehen.

Kinderbetreuung

Kinderbetreuung kann auch im privaten Bereich wieder in größerem Rahmen stattfinden: Ab dem 9. Mai besteht die Möglichkeit, Betreuungsgemeinschaften aus bis zu drei Familien zu gründen.

Die Pläne für Kitas und Schulen waren unterdessen bereits bekannt: Kitas sollen ab dem 2. Juni zusätzlich zur Notbetreuung wieder einen eingeschränkten Regelbetrieb anbieten. Für Schulen gilt: Ab dem 18. Mai soll für viele weitere Schüler der Unterricht wieder beginnen.

Hochschulen

An Universitäten und Fachhochschulen dürfen ab dem 9. Mai wieder Präsenzveranstaltungen stattfinden. Die Hochschulen entscheiden jedoch selbständig, ob und wann sie öffnen wollen.

Maskenpflicht

Die Maskenpflicht bleibt bestehen. In Geschäften, Bussen und Bahnen muss weiterhin ein Mund-Nase-Schutz getragen werden.

Lockerungen unter Vorbehalt

Die neue Verordnung gilt vorerst bis zum 5. Juni - allerdings unter Vorbehalt. "Der Zuwachs an Freiheit setzt immer ein Vertrauen in die Bevölkerung voraus", sagte Ministerpräsident Bouffier und ergänzte: "Dieses Vertrauen haben wir." Bund und Länder haben sich jedoch auf ein einheitliches Alarmsignal geeinigt: Dort, wo binnen sieben Tagen mehr als 50 Neuinfektionen mit Covid-19 pro 100.000 Einwohnern registriert werden, muss gehandelt werden. Das kann bedeuten, dass Lockerungen wieder zurückgenommen werden.

(Quelle: https://www.hessenschau.de/gesellschaft/corona-lockerungen-restaurants-duerfen-am-15-mai-wieder-oeffnen,daten-zu-lockerungen-100.html – Stand 11.05.2020 08:48 Uhr)

Um 13 Uhr mache ich Mittagspause und hole in dieser Zeit mein Fahrrad aus der Werkstatt, wo ich es am Donnerstag zur Inspektion abgegeben habe. Dummerweise habe ich jedoch für den heutigen eher regnerischen Tag das falsche, wasserdurchlässige Schuhwerk an, weshalb meine Füße auf Grund eines heftigen Schauers auf meinem Weg zurück zur Arbeit patschnass werden. *Und nun?* frage ich mich, während ich mein Rad in den Fahrradkeller schiebe.

Mach Feierabend, lautet meine spontane gedankliche Antwort. Und da ich keinen Grund in mir finde, der dagegenspricht, folge ich dieser Idee.

14.20 Uhr: Ich bin zurück zu Hause, esse etwas und mache anschließend eine kurze Pause auf / in meinem Bett.

Als ich gegen 15 Uhr zurück ins Wohnzimmer komme, sehe ich meinen älteren Sohn gelangweilt auf dem Sofa liegen. Ich gehe zu ihm, setze mich neben ihn und als ich spüre, dass er nichts dagegen auszusetzen hat, frage ich ihn, was er sich jetzt wünschen würde, wenn er sich irgendetwas wünschen könnte.

„Dass ich heute nochmal Wii spielen darf." antwortet er mir postwendend.

„Gut, ..." sage ich zu ihm „...pro Seite, die du mir aus deinem Lesebuch vorliest, bekommst du 10 Minuten Wii-Spielzeit.

Ohne zu murren steht er auf, holt sein Lesebuch und liest mir sechs Seiten vor (was für seine Verhältnisse sehr viel ist). Und während er Anschließend in den Keller zur Spielekonsole geht, denke ich mir: *Vielleicht hatte die Sache zwischen und beiden am Mittwoch ja doch auch etwas Gutes.*

<u>Weitere Ereignisse des Tages (Kurzform):</u>
- Nichts Nennenswertes.

Dienstag, 12. Mai 2020

Auch heute reißt mich mein Wecker um 5.45 Uhr aus dem Schlaf, doch ich brauche an diesem Morgen etwas Zeit, bevor ich aufstehe, da ich mich körperlich müde fühle.

6.45 Uhr: Ich habe mich aus dem Bettgequält, mich angezogen, etwas gefrühstückt und sitze nun bereits im Auto, um den Wocheneinkauf zu erledigen.

8.37 Uhr: Rückkehr nach Haus, wo ich von allen freudestrahlend erwartet werde und mir von allen beim Autoausräumen geholfen wird.☺

8.50 Uhr: Eine kleine Anekdote am Rande: Meine Tochter und ich pressen frischen Saft aus Orangen, Äpfeln, Möhren und Zitronen. Da sie als Helferin den Saft als erste probieren darf, bin ich auf ihre Meinung gespannt. Sie sagt: „Hhm, der schmeckt echt, buftig'!" Was immer dieses Wort zu bedeuten hat. ☺

9 Uhr: Frühstück der gesamten Familie.

10 Uhr: Ich gehe kurz ins heimische Büro, um mich um die Post der vergangenen Tage zu kümmern. Derweil kämpft meine Frau mit den Jungs rund um die Schulaufgaben.

10.30 Uhr: Vorbereitung des Mittagessens. Meine Tochter hilft mir dabei. Die Jungs spielen im Garten.

10.57 Uhr: Meine Frau fährt zur Arbeit, wo binnen der letzte Tage das Kundenaufkommen deutlich zugenommen hat. Jedenfalls ist sie von ihrer Kurzarbeit im Monat April wieder Meilen weit entfernt. Im Gegenteil, sie macht derzeit sogar Überstunden. Gut für die Haushaltskasse, jedoch bleibt dadurch die Kinderbetreuung noch stärker an mir kleben.☹

Ca. 14 Uhr: Mittagessen. „Früher", also vor Corona, wäre mir dies viel zu spät gewesen. Heute fühlt es sich indes normal an.

Kurz nach 15 Uhr: Ich bin alleine im Haus. Alle Kinder haben sich mit Freunden verabredet und spielen zu meiner Erleichterung bei ihnen.

Für mich bedeutet dies: Luft holen, durchatmen und meine kurzzeitige Freiheit auszukosten, indem ich schreibe.

17.00 Uhr: Ich bin immer noch allein zu Hause, liege auf dem Sofa und genieße die Ruhe, indem ich die aktuellen Nachrichten auf n-tv schaue.

Hier sind die Schlagzeilen des n-tv-News-Banners:

- Gericht kippt die 800qm-Regel. *(Anmerkung: bezogen auf die maximale Größe der Einzelhandelsgeschäfte. Zur Erinnerung: Geschäfte mit einer Größe über 800qm durften bisher nur öffnen, wenn sie aus den Branchen Buch-, Kfz- und Fahrradhandel stammen)*
- Brandenburger Burgen und Schlösser wieder geöffnet.
- Besucher in Hamburger Pflegeheimen wieder erlaubt.
- Thüringen erlaubt Versammlungen ohne Obergrenze.
- Hamburg: alle Sportarten im Freien wieder möglich.
- RKI: Reproduktionszahl knapp über kritischem Wert.
- Mehr als 7.900 Corona-Tote in Deutschland.
- RKI meldet 933 Neuinfektionen *(Anmerkung: binnen der letzten 24 Stunden).*
- Baden-Württemberg: 80 Corona-Infizierte in Schlachtbetrieb.
- Medien: Merkel und Marcron planen offenbar Grenzlockerungen.
- Mehr als 80.000 Corona-Tote in den USA.
- Russland mit weltweit zweitmeisten Fällen.
- Spanien schickt Ausland-Reisende in Quarantäne.
- Italien legt Regeln für Strandbesuche fest.

- EU-Behörde weitet Remdesivir-Empfehlung aus. *(Anmerkung von mir: Remdesivir ist ein Medikament, dass urspürglich zur Bekämpfung von Ebola entwickelt wurde, jedoch nach aktuellen Erkenntnissen auch den Corona-Krankheitsverlauf abmildern und deutlich verkürzen kann. Nein, Remdesivir ist kein wirksames Heilmittel, um die Ausbreitung der Krankheit einzudämmen. Soweit ist die Forschung noch (lange) nicht.)*
- Student aus Italien schon dreimal in Quarantäne.
- Wuhan will 11. Mio Einwohner testen.
- WHO: 7 bis 8 aussichtsreiche Impfstoffkandidaten.
- Flughafendienstbetreiber Fraport steht vor Stellenabbau.
- Pandemie kostet Allianz vorerst 700 Mio. €.
- Toyota erwartet historischen Gewinnrückgang.
- Studie: 6 Erst- und Zweitligaklubs existenzbedroht, darunter Schalke 04, Union Berlin und Paderborn.
- Gesundheitsausgaben steigen auf über 400 Mrd. €.
- Ferienhausbesitzer dürfen ab 18.05. nach Mecklenburg Vorpommern.
- BaFin: Geldwäsche floriert wegen Corona.

18.30 Uhr: Mein älterer Sohn kommt nach Hause und erzählt mir, dass er bis eben mit seinem Cousin im Wald gespielt hat, wo sie sich binnen der letzten Tage einige Hindernisse aus Matsch und Laub für eine Mountainbikebahn gebaut haben. Heute flucht er bitterlich, denn die beiden Jungs mussten feststellen, dass ihre bisherige Arbeit im Verlauf des gestrigen Tages zerstört wurde.

21 Uhr: Die Kinder liegen immer noch nicht im Bett, weshalb meine Frau richtig sauer ist. Auch sie will endlich mal Zeit für sich haben.

Gut, dass ich an diesem Abend relativ entspannt bin und somit als Schlichter, beziehungsweise Ruhepol dienen kann.

Weitere Ereignisse des Tages (Kurzform):
Keine.

Mittwoch, 13. Mai 2020

5.50 Uhr: Ich wache auf, quäle mich aus dem Bett, gehe ins Wohnzimmer und lege mich dort noch einmal auf Sofa. Kurz darauf zieht es mich jedoch an den Küchentisch, um zu schreiben.

6.45 Uhr: Ich ziehe mich an und gehe aufs Klo, wobei ich mir die Frage stelle, was ich heute Morgen mit den Kindern mache.
Eine Radtour. Gleich früh, inklusive Frühstückspicknick, schlägt mir eine innere Stimme vor.
Willst du das wirklich? entgegnet mein nach Beschäftigung lechzender Kopf, da ihm diese Idee offenbar nicht zu 100% zusagt.
Ja, das will ich! lautet die finale Entscheidung. Daher nehmen die Ereignisse ihren Lauf ...

8.30 Uhr: Die beiden jüngeren Kinder und ich sind bereit, loszuradeln. „Wo ist euer Bruder?" frage ich die beiden und erhalte lediglich ein Schulterzucken von ihnen als Antwort. Ich rufe nach ihm. Keine Antwort. Ich gehe in den Garten und finde ihn heulend neben einem Steinhaufen liegen. Sofort rutscht mir das Herz in die Hose, da ich keine Ahnung habe, was los ist und deshalb befürchte, dass er einen Unfall hatte und sich verletzt hat. „Was ist passiert?" frage ich ihn sogleich und nehme ihn in den Arm, um ihn zu beruhigen. Keine Antwort.
„Hast du dich verletzt und tut dir irgendetwas weh?" hake ich recht hektisch nach, wobei mein Blick seinen gesamten Körper abtastet und nach Blut, als offensichtliches Zeichen einer Verletzung sucht. Doch da ist keins.
Mein Sohn steht plötzlich schweigend, aber schluchzend auf und geht zum Kaninchenstall. *Es wird doch keines der beiden Häschen gestorben sein,* denke ich mir und folge ihm.

Kurz darauf öffnet er unter einem erneut aus ihm herausbrechenden heftigen Weinkrampf, den kleinen Holzverschlag der Tiere und uns beiden offenbart sich eine Unmenge an herausgerissenem Kaninchenfell. Was ihn schockiert, beruhigt mich unmittelbar, da mir, im Gegensatz zu ihm, geläufig ist, dass die Kaninchen zu dieser Jahreszeit ihr Winterfell verlieren / oder sich ausreißen und daraus intuitiv ein Nest bauen. Und genau das hat eines der beiden Tiere augenscheinlich getan, denn sie hoppeln beide noch quicklebendig und unversehrt durch den Stall.

In Windeseile erkläre ich meinem Sohn die Situation woraufhin er mir erleichtert in die Arme fällt, was ich zugleich als Zeichen werte, dass er mir verziehen hat, beziehungsweise dass ausreichend Gras über seine seelische Wunde meines Gewaltausbruchs gewachsen ist, um mir eine zweite Chance zu geben.

Nun habe auch ich Tränen in den Augen. Tränen, die ich ihm nicht so recht erklären kann oder will. Doch ich weiß, dass es Tränen der Erleichterung sind, die mir die Wangen herunter kullern und von meinen Händen abgewischt werden, bevor sie zu Boden tropfen können.

Danke, Herr! Sage ich kaum hörbar gen Himmel als wir wenig später auf unseren Fahrrädern sitzen und aufbrechen.

9.50 Uhr: Wir kehren von unserem kleinen Ausflug. Alle sind glücklich und zufrieden und ich mache mich sofort an die Nacharbeiten.

10.15 Uhr: Die Mathe-Lehrerin meines jüngeren Sohnes ruft an und erkundigt sich nach seinem Wohlbefinden, bevor sie ihm einer kleinen mündlichen Matheprüfung unterzieht, die er zu meinem Stolz mit Bravour besteht. ☺

11.45 Uhr: Meine Tochter bastelt. Die Jungs spielen Wii. Ich kümmere mich um das Mittagessen.

12.40 Uhr: Meine Frau kehrt von der Arbeit Heim und wir essen alle gemeinsam.

13.15 Uhr: Die Küche ist wieder aufgeräumt und ich bin platt, habe jedenfalls keine Energie mehr, am heutigen Tag noch für ein paar Stunden zur Arbeit zu hetzen. Stattdessen lege ich mich ins Bett und schlafe.

14.40 Uhr: Die Kinder sind auch heute unterwegs bei Freunden. Ich nutze daher die Zeit, um zu schreiben.

17.00 Uhr: Ich will mich gerade in den Garten begeben, um Rasen zu mähen, als das Telefon klingelt und ich von meinen Schwiegereltern gefragt werde, ob sie morgen mit den Kindern nach Frankfurt in den Zoo fahren dürfen. Eigentlich halte ich diese Idee wegen Corona noch für verfrüht, doch die Verlockung, die Kinder morgen nicht sehen zu müssen und ihnen mit dem Ausflug eine riesige Freude zu bereiten ist zu groß, als dass ich ihr widerstehen könnte. Daher stimme ich zu.

18.32 Uhr: Während des Abendessens gebe ich die Zoo-Info an die Kinder weiter. Sie schreien, kreischen, quietschen und juchzen vor Freude. So, wie schon lange nicht mehr, beziehungsweise so, wie noch nie. *Alles richtig gemacht!,* denke ich mir anschließend. *Hoffentlich.*

19.45 Uhr: Kaum zu glauben, aber wahr: alle Kinder sind heute derart müde, dass sie bereits im Bett liegen und schlafen. ☺

21.03 Uhr: Auch ich liege im Bett und beende den heutigen Tag.

Weitere Ereignisse des Tages (Kurzform):
- Wir erhalten am heutigen Tag abermals eine E-Mail der Schule unseres jüngeren Sohnes. Sie beinhaltet die Information, dass er ab der kommenden Woche wieder jeden zweiten Tag in die Schule gehen kann. Sein erster Schultag wird dabei der Dienstag sein. *Endlich ein Lichtblick!* ☺

Donnerstag, 14. Mai 2020

Die Ereignisse dieses Tages sind schnell erzählt:

5.45 Uhr: Mein Wecker klingelt und ich stehe auf.

6.30 Uhr: Ich sitze im Bus und fahre zur Arbeit, wo ein langer und anstrengender Arbeitstag auf mich wartet, der sich nach den letzten Wochen mal nicht ausschließlich im Firma F* drehen wird.

In der heutigen Mittagspause sagte eine Kollegin den folgenden Satz zu mir: „Ach Julius, irgendwie sehnt man sich derzeit mal nach einem Glücksmoment, oder? Ich finde es jedenfalls derzeit alles sehr sehr trist."
Und ich kann nicht anders, als ihr zuzustimmen.

17.00 Uhr: Ich bin mental platt, mache Feierabend und fahre mit dem Fahrrad nach Hause, welches sich nun schon seit Montag im Fahrradkeller der Firma befand. *Endlich mal wieder Bewegung.*

18.24 Uhr: Ich habe geduscht und sitze am Abendbrottisch, wo mir die Kinder begeistert von ihrem Tag mit Oma und Opa berichten.

20.24 Uhr: Obwohl die Kinder noch wach sind, falle ich hundemüde ins Bett. Ich kann nicht mehr. *Einfach nur schlafen!*

Weitere Ereignisse des Tages (Kurzform):
Keine.

Freitag, 15. Mai 2020

Heute mache ich etwas, dass ich schon seit sehr langer Zeit nicht mehr getan habe: ich verzichte auf Amazon, sondern gehe stattdessen nach Feierabend in die Stadt, um ein paar Besorgungen zu machen.

Herrlich, wie leer es hier ist., denke ich mir zwischendurch. *So macht es auch mir wieder Spaß, mich in der Innenstadt aufzuhalten.*

15.50 Uhr: Ich sitze im Bus und fahre nach Hause. Um mir die Zeit zu vertreiben stöbere ich in meinen WhatsApp-Nachrichten und finde eine Nachricht der Fußball-Vereinsführung, in welcher diese nun offiziell bekanntgibt, dass wieder trainiert werden darf und welche Regeln dabei gelten:

1. Kein Umziehen und Duschen in den Sporthäusern.
2. Der Mindestabstand von 1,5 Metern muss eingehalten werden.
3. Die Mannschaften dürfen sich maximal einmal wöchentlich treffen.
4. Es dürfen keine Spielformen oder Wettkampfformen durchgeführt werden.
5. Mindestens ein Trainer ist bei der Trainingseinheit dabei.
6. Es dürfen keine zwei Mannschaften zur gleichen Zeit am gleichen Ort trainieren.

Ich leite diese Informationen umgehend an die Eltern meiner Mannschaft weiter und trage ihnen die Verantwortung auf, mit ihren Kindern über diese Regeln zu reden und sie zudem darauf vorzubereiten, dass das Training derzeit nicht so sein wird, wie vor Corona gewohnt.

Außerdem bitte ich sie noch um ein wenig Geduld, bevor es tatsächlich weitergeht, da ich mir erst noch ein Trainingskonzept überlegen muss, das es mir ermöglicht, die vorab genannten Regeln einzuhalten. Dazu habe ich heute jedoch keine Energie mehr.

16.20 Uhr: Ich bin zurück zu Haus, wo ich mich sehr darüber freue, dass meinen Frau und meine Tochter Muffins gebacken haben. Ich liebe schließlich Kuchen.

Doch nicht nur ich freue mich, auch die Kinder strahlen mich an, als ich ihnen ihre kleinen Mitbringsel aus der Stadt überreiche:

Meine Tochter erhält zwei pinke Buntstifte, die sie sich kürzlich von mir gewünscht hat.

Mein jüngerer Sohn bekommt ein neues Cap, da er Caps liebt.

Und für meinen älteren Sohn habe ich einen neuen American Football mitgebracht, da sein alter vor einiger Zeit des Nachts von einem Waschbären zerbissen wurde.

16.45 Uhr: Wir, die beiden Jungs und ich, spielen mit dem neuen Football im Garten.

19 Uhr: Abendessen und anschließendes Abendkino auf dem Sofa.

20.07 Uhr: Gemeinsam mit meiner Frau bringe ich die Kinder ins Bett.

21.04 Uhr: Auch ich lege mich schlafen und bin glücklich und zufrieden, wie der Tag gelaufen ist.

Weitere Ereignisse des Tages (Kurzform):
Keine.

Samstag, 16. Mai 2020

Auch an diesem Samstagmorgen stehe ich um kurz vor 6 Uhr auf, um noch ein wenig Zeit alleine im Haus zu haben und die Einsamkeit zu genießen.

Dazu setze ich mich aufs Sofa und schaue gedankenverloren aus dem Fenster. Zumindest solange, bis ich nicht anders kann, als mir die Corona-Trainingsregeln ein zweites Mal anzuschauen und sogleich mein Notizbuch zur Hand zu nehmen und mir Übungen zu notieren, die mir eine Wiederaufnahme des Trainings ermöglichen, ohne in die Gefahr zu geraten, gegen die Regeln zu verstoßen.

Zu meiner Überraschung fallen mir binnen kürzester Zeit sehr viele Übungen ein. Sie alle haben jedoch gemein, dass sie sehr viel Vorarbeit auf dem Trainingsplatz, als auch zahlreiche Markierungen in Form von Trainingshütchen benötigen, die ich nicht habe. Folglich setze ich mich sogleich an den Rechner und bestelle diese, da ich nicht weiß, wo ich diese in der Stadt bekommen könnte.

Alle anderen sind zwischenzeitlich auch aufgestanden und wir haben auch bereits gefrühstückt, al sich um 8.30 Uhr in den Garten flüchte und mich dort daranmache, eine Hecke zu schneiden.

11.45 Uhr. Ende der Gartenarbeiten und Beginn der Vorbereitung des Mittagessens.

13 – 14 Uhr: Mittagspause, in welcher ich vor dem Fernseher liege und mir einen Überblick über die aktuellen Coronazahlen verschaffe:

Wo?	Infizierte		Tote	
	30.04.2020	**heute**	**30.04.2020**	**heute**
Welt	3.194.523	4.542.910	227.659	307.696
USA	1.039.909	1.443.188	60.966	87.559
Spanien	213.435	230.183	24.275	26.459
Italien	203.591	223.885	27.682	31.610
Deutschland	159.119	175.233	6.288	7.897
Schweden	20.302	Nicht mehr genannt.	2.462	Nicht mehr genannt.

(Quelle: ARD Videotext – Zahlen von der Johns-Hopkins-Universität mit Stand 16.05.2020 7.30 Uhr)

14 – ca. 17 Uhr: Meine Frau ist mit den Kindern unterwegs und ich genieße es einfach, alleine zu sein, indem ich Musik höre so laut ich will.

18 Uhr: Abendessen. Es gibt heute mal kein Brot, sondern Bockwürstchen mit Pommes.

18.30 Uhr: Lang ersehnt und nun endlich da: Die Fußballbundesliga hat heute endlich wieder gespielt, was für mich gefühlt ein sehr großer Schritt in Richtung Normalität ist, wobei es zwar ungewohnt ist, die Stadien im Rahmen der Sportschau ohne Zuschauer zu sehen, stören tut es mich aber nicht. Hauptsache, es wird wieder gespielt. ☺

Weitere Ereignisse des Tages (Kurzform):
Keine.

Sonntag, 17. Mai 2020

Und auch das ist für mich / uns inzwischen normal geworden: unsere sonntägliche Fahrradtour. Durch die neuerlich geltenden Corona-Regeln (seit dem 9. Mai dürfen sich wieder Angehörige von zwei Haushalten treffen) findet diese am heutigen Tag erstmals vollumfänglich gemeinsam mit meinen Schwiegereltern statt, bei denen wir anschließend grillen und den Tag gemütlich ausklingen lassen.

Weitere Ereignisse des Tages (Kurzform):
Keine.

Montag, 18. Mai 2020

Was heute geschah? Nicht allzu viel:

Ich bin um kurz nach 6 Uhr mit dem Fahrrad zur Arbeit gefahren und von dort ebenfalls mit dem Rad um ca. 17 Uhr nach Hause zurückgekehrt.

Weitere Ereignisse des Tages (Kurzform):

- Ich schaue die 18 Uhr Nachrichten auf SAT.1 und höre die folgenden Worte: „Laut Angaben des Robert-Koch-Instituts sind derzeit etwas unter 13.000 Menschen in Deutschland mit Corona infiziert und 7.990 an dem Virus gestorben. Der Reproduktionsfaktor „R" liegt aktuell bei 0,91.
  Diese Worte verwirren mich ehrlich gesagt. *Habe ich nicht vorgestern erst noch gelesen, dass über 175.000 Menschen in Deutschland mit Corona infiziert sind?* Ich schaue dies kurz nach und mein Gedanke bestätigt sich, wodurch mir erstmals bewusstwird, dass diese hohen Zahlen kumuliert sind, also die Summe aller jemals Infizierten darstellt. Bisher dachte ich immer, dass es sich um die Zahl der tatsächlich Infizierten handelt. *13.000 ... gemessen an 83 Millionen ... das sind nicht viele.*
  Auch den Begriff Reproduktionsfaktor höre ich heute zum ersten Mal. *Was steckt dahinter?* frage ich mich. Ich google dies und erhalte folgende Antwort:

  „Rund um Corona kursieren verschiedenste Zahlen und Faktoren. Einer der bedeutendsten ist der Faktor "R" oder auch die "Reproduktionszahl". Doch was bedeutet das eigentlich?

Im Wesentlichen sagt "R" uns, wie viele Menschen ein Infizierter im Durchschnitt ansteckt, so das RKI. Liegt der Wert bei R1 bedeutet das, dass ein Infizierter jeweils einen anderen Mitmenschen ansteckt. Je höher der Wert ist, desto mehr werden auch angesteckt, was dementsprechend zu einer höheren Zahl von Infizierten führt. Der Wert R=1 zeigt, dass eine Person im Durchschnitt eine andere Person ansteckt. Liegt der R-Faktor darüber, steckt der Erkrankte mehrere Personen an, was wiederum zu einem exponentiellen Anstieg der Infizierten führen kann."

(Quelle: https://www.radiosaw.de/was-ist-der-reproduktionsfaktor)

Dienstag, 19. Mai 2020

Es ist wieder einmal Dienstag, was für mich bereits um 6.45 Uhr bedeutet, aufzubrechen und den Wocheneinkauf zu erledigen.

Als ich gegen 9.45 Uhr nach Hause zurückkehre, ist das Haus zu meiner Überraschung, aber auch Erleichterung kinderleer. Mein jüngerer Sohn ist in der Schule (!) ☺ und mein älterer Sohn und meine Tochter sind im Dorf unterwegs. Wo genau? Mir egal, Hauptsache sie sind weg.

Ich weiß, es mag befremdlich klingen, was ich gerade geschrieben habe, aber es wäre gelogen, wenn ich etwas anderes geschrieben hätte.

Als dann auch meine Frau das Haus um kurz vor 11 Uhr verlässt und zur Arbeit fährt, bin ich allein. ☺ Dieses Mal lege ich mich noch einmal ins Bett und schlafe auch alsbald ein.

12.56 Uhr: Durch ein Klingeln an der Haustür werde ich geweckt und schwinge mich aus dem Bett, um meiner Tochter den gewünschten Einlass zu gewähren. Sie ist somit die erste der drei Kinder, die zum Mittagessen heimkehrt.

13.35 Uhr: Auch die beiden anderen Kinder sind inzwischen nach Hause zurückgekehrt und wir sitzen am Mittagstisch und essen. Die Stimmung ist gut. Die Kinder sind entspannt und glücklich und ich bin es auch. Meine Laune verbessert sich sogar noch einmal deutlich, als ich erfahre, dass sich alle drei auch nach dem Mittagessen verabredet haben. Und da ich froh bin, auch am Nachmittag meine Ruhe zu haben, habe ich diesen Begehren nichts entgegenzusetzen.

15.05 Uhr: Ich nutze die Gunst der einsamen Stunde und befriedige meine Seele, indem ich spontan meine Eltern zum Kaffeetrinken einlade, um sie nach den extrem kontaktarmen letzten Monaten, mal wieder zu sehen. Und siehe da, die beiden kommen gerne ☺.

16.12 Uhr: Meine Eltern haben soeben unser Haus verlassen. Ich bin wieder allein, lege mich aufs Sofa und schaue einen Film bei einem großen Streaming Anbieter.

18.01 Uhr: Die Kinder kommen kleckerweise nach Hause zurück. Wir decken gemeinsam den Abendbrottisch und beginnen gegen halb sieben zu essen.
Anschließend beginnt das gewohnte Abendprozedere. Abendkino, Schlafanzuganziehen, Zähneputzen und die Kinder ins Bett bringen.

20.55 Uhr: Auch ich gehe ins Bett und bevor ich einschlafe lasse ich meine Gedanken jedoch noch einmal kreisen und komme zu dem Schluss, dass die Lockerungen und die damit verbundene Entspannung der häuslichen Situation für mich gerade noch rechtzeitig gekommen sind. Jedenfalls spüre ich, dass ich mich von dem Gedanken und dem Gefühl, meine Sachen zu packen und einfach abzuhauen, wieder etwas entfernt habe.

Weitere Ereignisse des Tages (Kurzform):
Keine.

Mittwoch, 20. Mai 2020

Ich stehe um 6.30 Uhr auf, erledige die ersten Dinge im Haushalt und um 8.30 Uhr haben die Kinder und ich gefrühstückt. Meine Frau ist derweil schon zur Arbeit aufgebrochen.

8.45 Uhr: Ich erachte es für angebracht, dass es nun für meine Söhne an der Zeit ist, sich im ihr Tagespensum für die Schule zu kümmern. Dies sieht der ältere von beiden zu meinem Leidwesen jedoch wieder einmal völlig anders.

10 Uhr: Meine Kraft und meine Geduld sind mal wieder am Ende. Ich habe jetzt ca. 90 Minuten mit ihm diskutiert und ihn in dieser Zeit gerade einmal dazu bewegt, vier mickrige Sätze zu Papier zu bringen. *Kotz!*

Vollkommen entnervt verlasse ich sein Zimmer und bin froh, dass in diesem Augenblick das Telefon klingelt und mich von meiner Wut ablenkt.

Passender Weise ist seine Deutschlehrerin am anderen Ende der Leitung, die mich zudem gleich zu Beginn unseres Gesprächs fragt, wie es derzeit bei uns zu Hause läuft. Ich nutze die Gelegenheit um einen Teil meines inneren Dampfes abzulassen und schildere ihr ungeschönt und ohne Umschweife die Situation. Ihre anschließenden Worte, dass es nicht nur bei uns so ist, ihr Rat, dass ich nichts erzwingen kann sowie die Botschaft, dass alle derzeitigen Planungen der Schule vorsehen, dass er ab dem 04. Juni wieder in die Schule gehen wird, beruhigen mich in diesem Moment deutlich. So sehr, dass ich spüre, mich entspannt zu haben, als ich zu meinem älteren Sohn ins Zimmer zurückkehre und ihm das Telefon in die Hand drücke, damit auch er mit seiner Lehrerin sprechen kann. Anfangs stehe ich dabei noch neben ihm, doch schon nach kurzer Zeit lasse ich ihn mit ihr allein. *In der Schule wäre ich jetzt auch nicht dabei,* denke ich mir, als ich den kurzen Flur auf der oberen

Etage unseres Hauses entlangschlendere und wenig später im Zimmer meiner Tochter zu verschwinden, um auch mit ihr Zeit zu verbringen.

11.15 Uhr: Ich will von Schulaufgaben heute nichts mehr wissen und kann es daher kaum erwarten, bis meine Frau von der Arbeit heimkehren und ich sogleich zur Arbeit fahren kann. Bevor es jedoch dazu kommt, steht heute ein Kontrollbesuch beim Zahnarzt mit den drei Kindern auf dem Programm, der inzwischen gute zwei Monate überfällig ist. Und obwohl er möglich gewesen wäre, fühle ich mich erst jetzt sicher genug, den Termin wahrzunehmen. Folglich mache ich mich mit den dreien auf den Weg.

12.30 Uhr: Unsere Zähne sind in bester Ordnung, lautet die Diagnose der Zahnärztin, die mich aufatmen lässt und mir beweist, dass der tägliche Kampf rund ums Zähneputzen doch für etwas gut ist.

12.53 Uhr: Zurück zu Hause und höchste Zeit, mich ums Mittagsessen zu kümmern. Heute gibt es Pfannkuchen.

13.15 Uhr: Alle sind wieder zu Hause und wir essen gemeinsam.

13.35 Uhr: Ich gehe zum Bus und fahre zur Arbeit. *Endlich!*

Gegen 17. 50 Uhr kehre ich Heim, bin jedoch derart platt, dass ich lediglich mit anderen noch etwas essen, bevor ich mich aufs Sofa fallen lasse und erst wieder aufstehe, als es an der Zeit ist, die Kinder ins Bett zu bringen.
Um kurz nach 21 Uhr liege auch ich im Bett und es dauert nicht lange, bis ich einschlafe.

Weitere Ereignisse des Tages (Kurzform):

- Vom Kindergarten unserer Tochter fehlt weiterhin seit Ende März jegliches Lebenszeichen. Ich / wir empfinden dies derweil als eine absolute Unverschämtheit, dass wir von der Einrichtung derart im Regen stehen gelassen werden. Informativ, als auch betreuungstechnisch. Aus diesem Grund kann ich es mir auch nicht mehr verkneifen und beschwere mich per E-Mail bei der Leitung der KiTa. Ob dies etwas bringt? Keine Ahnung, aber es tut gut, auch hier meinem Frust einmal freien Lauf gelassen zu haben.
- Die am Samstag von mir bestellten Trainingshütchen sind eingetroffen. Ich habe daher im Verlauf des Tages die „Fußball-Eltern" darüber informiert, dass am Samstag 14 Uhr das Fußballtraining wieder starten wird.

Donnerstag, 21. Mai 2020 – Feiertag (Himmelfahrt)

Wie gerne würde ich auch in diesem Jahr mit dem Großteil der Dorfbewohner wandern gehen und in geselliger Runde den Tag verbringen, wünsche ich mir gedanklich als ich mal wieder um 5.45 Uhr aufstehe und mich sogleich an den Schreibtisch begebe, um zu schreiben. *Doch wegen Corona wird dieser Wunsch nur ein Wunsch bleiben. Stattdessen wird der auch heutige Tag wieder nur aus Familie bestehen. ...*

Gegen halb sieben kommt mein älterer Sohn zu mir ins Büro und wünscht mir schlaftrunken alles Gute zum Vatertag. Ich spüre zwar, dass seine Worte von Herzen kommen, dennoch fühlen sie sich in mir in diesem Jahr anders an, als je zuvor. Verlogen und oberflächlich. *Ob es daran liegt, was in den letzten Wochen zwischen uns geschehen ist?* frage ich mich. Ich weiß es nicht, doch mir wird in diesem Augenblick bewusst, dass sich mein Verhältnis zu ihm verändert hat, wesentlich distanzierter geworden ist. Leider.

8.45 Uhr: Auch die anderen drei haben mir zwischenzeitlich gratuliert und mir auf verschiedene Arten und weisen zu verstehen gegeben, dass sie mich liebhaben. Nur, dass wir uns nicht falsch verstehen, tief in meinem Herzen habe auch ich sie lieb, doch aktuell sind sie mir einfach zu viel.

8.57 Uhr: Wir sitzen im Auto und fahren zu meinen Schwiegereltern, die uns zum Brunch und zu einer Wanderung eingeladen haben. Ich füge mich diesem Schicksal und bin irgendwie auch ganz froh, raus zu kommen.

- Zeitsprung -

15.38 Uhr: Im Verlauf der Wanderung haben wir auf einem Feld eine üppige Menge Heu entdeckt, die von der Ballenpresse des Landwirtes nicht erfasst wurde und daher aus unserer Sicht nicht mehr von ihm genutzt wird. Wir wittern jedenfalls unsere Chance darin, dieses überschüssige Heu für unsere Kaninchen aufzuklauben und holen es zum jetzigen Punkt mit dem Auto vom Feld. Dabei stellen wir allerdings fest, dass es noch nicht ganz durchgetrocknet ist und folglich noch einmal bei uns im Garten ausgebreitet werden muss.

Ca. 17 Uhr: Zwischenzeitlich steht fest, dass alle drei Kinderbei Oma und Opa übernachten werden. *Endlich mal wieder!* lautet mein gedankliches Fazit der Erleichterung und der Freude darüber. *Endlich mal wieder einen Abend nur für mich, beziehungsweise für uns zwei.*

18.53 Uhr: Meine Frau und ich kehren nach Hause zurück, verteilen das Heu im Garten und machen es uns anschließend vor dem Fernseher bequem.

19.57 Uhr: Ich gehe nach draußen und harke das Heu zu einem großen Haufen zusammen, um es vor der nächtlichen Feuchtigkeit zu schützen. Anschließend gehe ich ins Bett.

Weitere Ereignisse des Tages (Kurzform):
Keine.

Freitag, 22. Mai 2020

Ich habe gut geschlafen. Nein, sehr gut. Trotzdem, oder vielleicht gerade deshalb werde ich um 5.36 Uhr wach und schwinge mich energiegeladen aus dem Bett.

Um kurz nach halb sieben Uhr sitze ich dann bereits im Bus und fahre zur Arbeit, von welcher es auch heute nichts Nennenswertes zu berichten gibt.

- Zeitsprung -

Um 16.22 Uhr komme ich zur Haustür herein und werde von einem herrlichen Duft empfangen, der sich mir wenig später als der Duft eines frisch gebackenen Topfkuchens offenbart. ☺ Und da ich Kuchen wie bereits gesagt für mein Leben gerne esse, kann ich nicht anders, als mich sogleich an den Küchentisch zusetzen, meiner Frau und meiner Tochter für den Kuchen zu danken und mich daran zu erlaben.

Der Rest des Tages ist schnell erzählt:
16.47 Uhr: Ich gehe in den Garten, um dort ein paar Kleinigkeiten zu erledigen.
17.28: Sitze auf dem Sofa und schaue Fernsehen.
18 Uhr. Abendessen.
Ca. 20 Uhr. Wir bringen die Kinder ins Bett.
20.44 Uhr: Auch ich lege mich schlafen.

Weitere Ereignisse des Tages (Kurzform):
Keine.

Samstag, 23. Mai 2020

6.50 Uhr: Ich stehe auf, ziehe mich an und gehe sogleich nach draußen, wo ich zunächst das Heu wieder ausbreite, dann eine Dachrinne kontrolliere, ob der Durchlauf noch gewährleistet ist und anschließend ein von meiner Frau provisorisch errichtetes Tomatenhaus konstruktiv verbessere.

9 Uhr: Frühstück.

9.30 Uhr: Alle drei Kinder sind abermals bei Freunden und ich setze mich an den Rechner und schreibe.

12.45 Uhr: Die Kinder sind wieder da und es wird höchste Zeit, um Mittag zu essen.

13.15 Uhr: Ich fahre los, um das Fußballtraining vorzubereiten. Mich begleitet dabei eine gehörige Portion Ungewissheit und Unsicherheit, ob mein Corona-Trainingskonzept aufgehen und von den Kids als auch deren Eltern akzeptiert wird.

14 Uhr: Trainingsbeginn. 10 von 13 Kindern sind anwesend, was ich als sehr viel empfinde. Mein Sohn ist allerdings nicht mit dabei, da er „keinen Bock" hat. ☹

15.12 Uhr: Das Trainings ist vorüber und soeben ist das letzte Auto mit einem der Kinder vom Parkplatz gerollt. Ich atme zunächst einmal tief durch, bevor ich mit einem breiten Grinsen der Erleichterung und Zufriedenheit im Gesicht das Trainingsequipment einsammle und in meinem Auto verstaue.

„Alles hat hervorragend geklappt." berichte ich meiner Frau, als ich wenig später nach Hause zurückkehre.

Weitere Ereignisse des Tages (Kurzform): Keine.

Sonntag, 24. Mai 2020

und

Montag, 25. Mai 2020

Keine nennenswerten Ereignisse.

Dienstag, 26. Mai 2020

6.10 Uhr: Ich setze mich auch an diesem Morgen sogleich an den Schreibtisch. Anstatt sofort loszuschreiben, spüre ich jedoch erstmals seit dem Beginn der Corona-Krise, dass es Zeit wird, dieser Tagebuchreihe eine inhaltliche Pause zu gönnen, da ich angesichts der immer weiter fortschreitenden Entspannung der Lage und angesichts der sich manifestierenden neuen und offensichtlich kurzfristig gleichbleibenden Alltagsroutine nicht mehr weiß, was ich noch schreiben soll. Daher sind dies meine vorerst letzten Worte:

<u>Was habe ich bisher aus dieser Krise gelernt?</u>

- Zu Beginn einer Krise kaufen die Menschen in Deutschland hauptsächlich Toilettenpapier.
- Freiheit ist nicht selbstverständlich, sondern ein kostbares Gut.
- Ich kann mich auf unsere Politik verlassen.
- Unser Gesundheitssystem funktioniert.
- Wie angreifbar wir Menschen sind.
- Dass es lediglich Kleinigkeiten sein können, die große Veränderungen nach sich ziehen (z. B. ein Virus).
- Dass das Leben weitergeht, auch wenn es anfangs nicht danach scheint und alles irgendwie ungewiss ist.
- Je schneller ich Veränderungen akzeptiere und mich mit ihnen arrangiere, desto eher kehrt auch meine Lebensfreude zurück.
- Permanent als Familie aufeinander zu hocken ist deutlich anstrengender, als ich dachte.
- Die Schule und der Kindergarten sind für uns Eltern eine große Unterstützung im Alltag und auch für die Kinder wichtiger, als gedacht.

- Soziale Kontakte von Angesicht zu Angesicht (nicht virtuell!) sind mir wichtig.
- Im dicht besiedelten Deutschland kann es auch mal leer sein.
- Zu schreiben hat mir auch in dieser Krise geholfen.
- Die Krise hat auch gute Seite und eröffnet neue Chancen und Wege. Ich jedenfalls sehe wieder deutlich klarer als vorher und mir ist wesentlich deutlicher geworden, was ich will: schreiben.
- Selbstständig tätig zu sein ist ein größeres Risiko, als gedacht.
- In welchem Luxus wir vor der Krise gelebt haben (Reisen, Konzerte, Hotelaufenthalte, Restaurantbesuche, …).
- Der Corona-Lockdown beweist mir, dass Greta Thunberg (die junge Umweltaktivistin aus Schweden) Recht hat, wenn sie sagt, dass in Bezug auf den Klimaschutz stets nur geredet und fast nichts umgesetzt wurde.
- Die unterschiedlichen Corona-Regelungen in jedem Bundesland nerven und machen die Situation extrem unübersichtlich. Die bundesweiten Ansagen, fand ich hingegen deutlich besser.
- Wie mach einen Fahrradreifen wechselt und wie man Heu macht.

Anschließend frühstücke ich und ziehe mir noch einmal die aktuellen Zahlen aus dem Fernseher:

Wo?	Infizierte		Tote	
	16.05.2020	heute	16.05.2020	heute
Welt	4.542.910	5.497.532	307.696	346.269
USA	1.443.188	1.662.768	87.559	98.223
Brasilien	Noch nicht genannt.	374.898	Noch nicht genannt.	23.473
Spanien	230.183	235.400	26.459	27.834
Italien	223.885	230.158	31.610	32.877
Deutschland	175.233	180.600	7.897	8.300
Russland	Noch nicht genannt	353.427.	Noch nicht genannt	3.633

(Quelle: ARD Videotext – Zahlen von der Johns-Hopkins-Universität mit Stand 26.05.2020 7.30 Uhr)

Fortsetzung folgt.

Aber erst im Herbst.

Nachwort

Was ist aus meinen einleitenden Fragen/Sorgen geworden?

Frage:	Aktueller Stand:
Haben wir das Schlimmste dieser Krise schon überstanden?	Ich weiß es nicht, aber irgendwie fühlt es sich derzeit so an.
Wann können die Jungs endlich wieder in die Schule gehen?	Wie bereits geschrieben: Mein jüngerer Sohn geht seit dem 19. Mai wieder zur Schule und für meinen älteren Sohn soll es am 04. Juni wieder losgehen. ☺
Wie lange wird meine Tochter noch zu Hause sein, beziehungsweise, wird sie vor ihrer Einschulung im Sommer den Kindergarten überhaupt noch einmal besuchen?	Ich habe keine Ahnung. ☹
Wird meine Tochter in diesem Sommer eingeschult, oder fällt das dieses Jahr wohlmöglich aus?	Alle Informationen der Schule vermitteln den Anschein, dass es in diesem Jahr zu einer Einschulung kommen wird, wenn auch in ungewohnter Form.
Wird Corona für mich und meine Familie auch weiterhin ein Gespenst in der Ferne bleiben?	Ich hoffe es nach wie vor sehr.
Was wird aus unserem Ostseeurlaub im August?	Ich weiß es noch nicht.
Werde ich wirklich meine Sachen packen und gehen?	Vorerst nicht.